Brigitte & Reinhard Schulz

MIT DEM WOHNMOBIL NACH NORD-SPANIEN

Eine Anleitung für den Erlebnisurlaub

Für Ulrike und den tapferen Tillmann

WOMO-Verlag Brigitte Schulz
7128 Lauffen/Neckar

CIP-Kurztitelaufnahme der Deutschen Bibliothek

Schulz, Brigitte:
Mit dem Wohnmobil nach Nord-Spanien : e.
Anleitung für d. Erlebnisurlaub ; Tips,
Tricks, Touren, tolle Strände / Brigitte
& Reinhard Schulz. - Lauffen/Neckar :
Womo-Verlag Schulz, 1986.
  (Womo-Reihe ; Bd. 2)
  ISBN 3-9801102-1-4

NE: Schulz, Reinhard:; GT

Titelbild: Galicien - Kohl, Mais, Esel und "horreos"
         an der einsamen Playa del Rostro nördlich
         des Cabo Finisterre.

1.Auflage 1986
Gesamtherstellung:
WALTER-DRUCK, 7129 Bra.-Hausen
Herausgeber, Verlag und Auslieferung:
WOMO-Verlag Brigitte Schulz
Tel.07133/5581
Am Kaywald 12, 7128 Lauffen/Neckar

ISBN 3-9801102-1-4

2

Einladung

"MUCHA LLUVIA!"

Das Gesicht des jungen spanischen Grenzers legte sich in betrübte Sorgenfalten über unser in seinen Augen unbedachtes Urlaubsziel.
Seine Warnung bewahrheitete sich zwar nicht, aber eine "Blauer-Himmel-Garantie" gibt Nord-Spanien nicht. Dafür bietet es atemberaubende Bildwerke aus der Steinzeit, Höhlenmalereien, die von der Kunst-fertigkeit unserer Ahnen zeugen.
Der Jakobsweg durchzieht das Land, die Kunstschätze in den Klöstern und Kirchen an seinem Wege weisen auf die alte, christliche Tradition Nord-Spaniens hin, seinen Jahrhunderte langen Kampf gegen die maurischen Eindringlinge.
Aber die ganz großen Höhepunkte sind die Naturschön-heiten: Herrlich einsame Berge, Seen und Flüsse, die dem gehören, der sie findet.
Allem voran die See; kein Badewannen-Mittelmeer, sondern ein richtiger Ozean mit brandenden, dröhnen-den Wellen, aber auch mit stillen, ruhigen Buchten.
Überall jedoch mit weiten Sandstränden, die jeder nach seinem Geschmack aus dem breiten Spektrum von turbulent bis absolut menschenleer auswählen kann.
Und das alles in einer saftig grünen, von Blüten überquellenden Landschaft.
Sie lassen sich von ein paar Regenschauern nicht abschrecken?
Dann kommen Sie mit uns, das unbekannte Spanien zu entdecken - VAMOS!

Ihre

Brigitte Schütz

3

Inhalt

Anreisewege
durch Deutschland, durch Frankreich,
über die Pyrenäen .... S.   7

18 Touren durch Nord-Spanien
Tour 1: Pyrenäen .... S. 12
Tour 2: Rio Aragon......................... S. 19
Tour 3: Rioja-Gebiet .... S. 24
Tour 4: Kastiliens Küste .... S. 31
Tour 5: Fuente De .... S. 36
Tour 6: Cares-Schlucht .... S. 41
Tour 7: Lago de la Ercina .... S. 44
Tour 8: Asturiens Küste .... S. 49
Tour 9: Quer durch Asturien .... S. 52
Tour 10: Galicische Nordküste .... S. 56
Tour 11: Rias Altas .... S. 59
Tour 12: Rias Gallegas .... S. 62
Tour 13: Am westlichsten Punkt Spaniens ..... S. 68
Tour 14: SANTIAGO/Rias Bajas .... S. 73
Tour 15: Durchs Galicische Bergland .... S. 76
Tour 16: Auf dem Pilgerweg .... S. 81
Tour 17: Die schönsten Bauwerke Nord-Spaniens S. 87
Tour 18: Durch Navarra nach Roncesvalles .... S. 92

Tips und Tricks
für Reisevorbereitung und Urlaub .... S. 96
u.a.Packliste .... S. 120

Tourenübersicht .... S. 145

Zeichenerklärungen für die Tourenkarten

▬▬▬▬ Autobahn   R Höhle

▬▬▬ Landstraße   ⚒ Kirche, Kloster

▬▬   Nebenstraße   ♠ Schloß, Burg

·············· Fußweg   ▲ Berggipfel mit
                           2430m Höhenangabe

⇨ Badestrand   ∴ Ausgrabungsstätte
   (getestet,gut)

⇨ Badestrand   ▐ Trinkwasserstelle
   (gesehen,gut)

Die Temperaturangaben beruhen auf aktuellen
Tagesmessungen in den Monaten Juli/August.
(Luft / Schatten / 14 Uhr. Wasser / 0,5 m Tiefe)

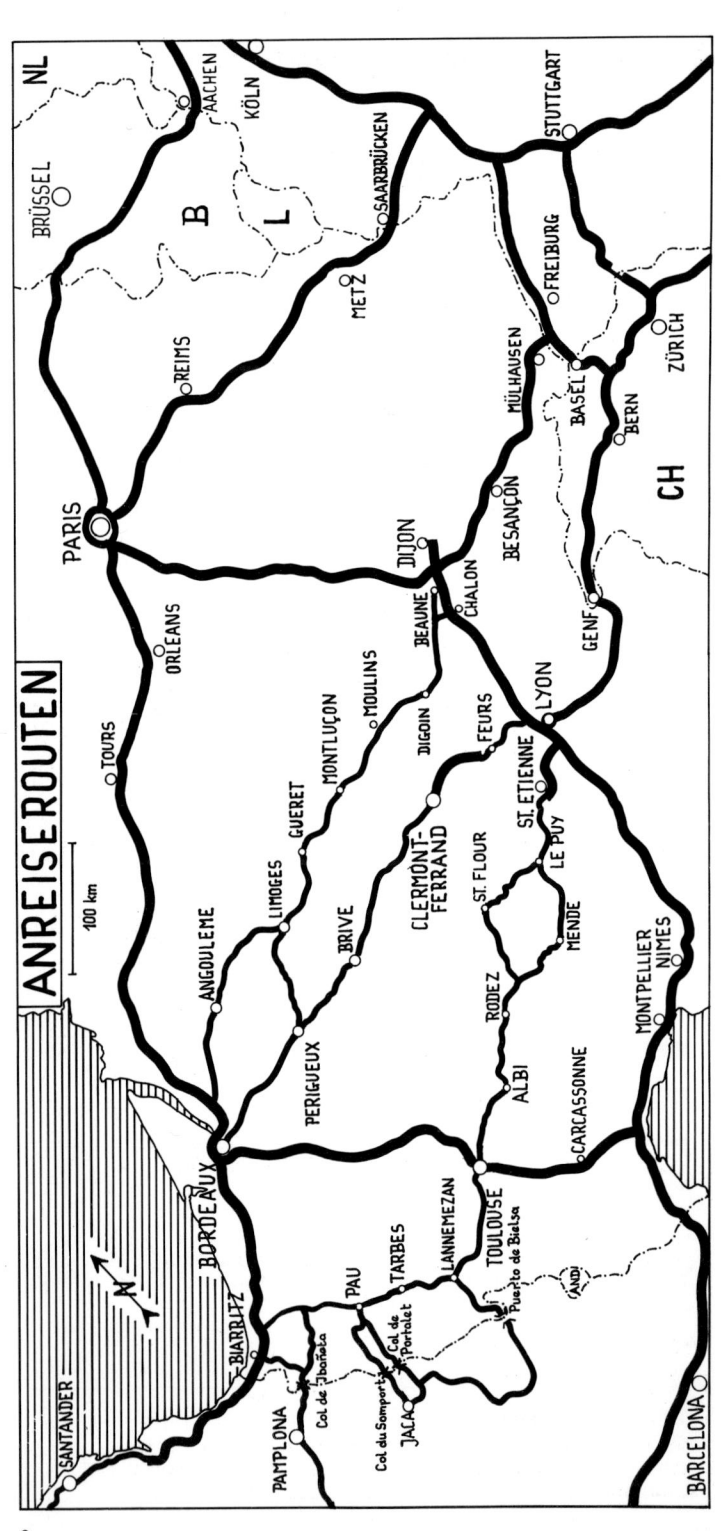

ANREISEROUTEN

Wir starten Richtung Spanien!

Christobal Colon, genannt Kolumbus, Magellan,
Cortes, Pizarro. Berühmte Namen, die mit der
Entdeckung und Eroberung Amerikas durch Spanien
verbunden sind. Wo liegt dieses Spanien?
Sie kennen das Auto-Nationalitätenzeichen von
Spanien nicht? Muß ganz schön weit weg sein, dieses
Spanien, wenn es so selten bei uns auftaucht!
In Spanien gehen die Uhren anders! Auch das läßt
Schlüsse über die Entfernung zu.
Ein Blick auf den Globus belehrt uns: Die Pyrenäen,
die Spanien vom restlichen Europa trennen, liegen
zehn Längengrade westlich von Hamburg, Würzburg und
Ulm und fünf Breitengrade südlicher als München. Gut
tausend Kilometer -Luftlinie durch Frankreich-
trennen uns von unserem Urlaubsziel!

Vorüberlegung

So lange wie möglich in Deutschland anreisen - die
französischen Autobahnen sind teuer!
Oder:
So schnell wie möglich über die Grenze - weg von den
Urlaubsstaus auf unseren Straßen?

Unsere Gespräche mit Deutschen in Nord-Spanien zeigten, daß die sparsamen in der Mehrheit waren, fast
immer wurde der Grenzübergang Mülhausen südwestlich
Freiburgs genannt.
Selbst die wenigsten Nordlichter fuhren auf der A.44
bei Aachen über die Grenze, durch Belgien Richtung
Paris.
Häufiger wurde, vor allem bei Fahrern aus dem Raum
Frankfurt/Mannheim, die Strecke Saarbrücken - Paris
genannt.
Münchner und Österreicher waren am schlechtesten
dran. Meist erstanden sie zähneknirschend eine Vig-
nette und landeten, über Bern und Genf anreisend,
bei Lyon auf der französischen Autobahn.
Aber es ist nicht nur Sparsamkeit, was die meisten
nach Süden treibt. Die Südroute bietet als einzige
eine Vielzahl von Kombinationsmöglichkeiten zwischen
Autobahnen und Landstraßen, die wir ihnen gern empfehlen und auch näher beschreiben möchten.

Anreiserouten durch Frankreich

Wer die Wahl hat, hat die Qual?
Wenn Sie auch nur die Überschriften unserer Strek-
kenvorschläge mit den Kilometerangaben und den Autobahngebühren überfliegen, wird Ihnen die Entscheidung sicher leichter fallen!

Nordroute I (Aachen - Biarritz 1130km, 120 DM)
Aachen - Lüttich - Valenciennes - Paris - Orleans -
Tours - Poitiers - Bordeaux - Biarritz
Es handelt sich um die kürzeste und gleichzeitig
bequemste Route für Anreisende aus dem Norden. Jeder
Meter ist gepflegte Autobahn, ein Ausweichen auf
benachbarte Landstraßen ist kaum sinnvoll.

Sehenswertes:
```
-Namur:     Zitadelle.
-Paris:     Bummel durch die Champs-Elysees, Louvre,
            Tuilerien, Invalidendom, Triumphbogen,
            Eiffelturm, Notre Dame, aber natürlich
            auch Moulin Rouge mit Umgebung.
-Orleans:   Gotische Kathedrale.
-Blois:     Königliches Schloß.
-Tours:     In der Umgebung die berühmten Loire-
            Schlösser, eines der schönsten, Amboise,
            liegt nur 25km von der AB entfernt.
-Poitiers:  Die älteste Kirche Frankreichs, das
            Baptisterium St.Jean aus dem Jahre 370.
-Saintes:   2000 Jahre alter römischer Triumphbogen
            des Feldherrn Germanicus, Reste des Am-
            phitheaters.
-Bordeaux:  Weinprobe! Die meisten französischen
            Qualitätsweine kommen aus der Gegend um
            Bordeaux.
-Biarritz:  Meeresmuseum, Aquarium.
```

Nordroute II (Saarbrücken - Biarritz 1130km, 150 DM)

Saarbrücken - Metz - Reims - Paris, dann wie Nordroute I.

Kurz, bequem, aber teuer! Wenn man sich überlegt -
Hin- und Rückfahrt 300 DM - dafür kann man in
Spanien eine Woche lang mit der ganzen Familie Essen
gehen!

Sehenswertes:
```
-Metz:      Gotische Kathedrale, malerische Alt-
            stadt, Moseltal.
-Reims:     Besichtigung der schönsten gotischen
            Kathedrale der Welt und der Champagner-
            Kellereien.
            (Weitere Sehenswürdigkeiten siehe Nord-
            route I).
```

Südroute (Mülhausen - Pau 1570km, 130 DM)

Mülhausen - Besancon - Beaune - Chalon - Lyon -
Nimes - Montpellier - Narbonne - Toulouse - Pau

Teuer und über 400km länger als die anderen Routen,
da fahre ich sicher nicht lang! Erwartet auch
niemand von Ihnen, es sei denn, sie wollen unbedingt
einen Abstecher zum Mittelmeer machen. Aber von
dieser Autobahnroute zweigt eine ganze Reihe von
Varianten ab, für die Sie sich interessieren
sollten!

Sehenswertes:
```
-Mülhausen: Europas größtes Automobilmuseum.
-Besancon:  Zitadelle mit weitem Blick über die
            Stadt.
-Beaune:    "Hotel Dieu", gotisches Krankenhaus aus
            dem 15.Jahrh., Burgunderweinprobe.
-Tournus:   Romanische Abteikirche St.Philibert.
-Lyon:      Gotische Kathedrale,römische Amphithea-
            ter sowie unzählige Feinschmeckerlokale
-Vienne:    Römische Tempel und romanischer Klo-
            sterhof, herrlicher Blick übers Rhone-
            tal.
```

- Orange: Triumphbogen und Theater aus römischer
              Zeit.
- Nimes: Hier ist fast alles römisch: Amphithea-
              ter, Wasserturm, Stadtbefestigung, Tem-
              pel, Thermen.
- Carcassonne:Eine Ringmauer umgibt die vollständig
              erhaltene mittelalterliche Stadt.
- Toulouse: Die heilige Stadt Galliens, Frankreichs
              größte romanische Basilika, St.Sernin,
              am Pilgerweg nach Santiago.

Variante I: Durchs Limousin (1060km Mülhausen Biarritz, 40 DM).

Mülhausen - Beaune oder Chalon/Süd - Montceau-les-
Mines - Digoin - Montlucon - Limoges - Angouleme
oder Perigueux - Bordeaux - Biarritz

Der kürzeste und preiswerteste unserer Streckenvor-
schläge, aber keineswegs der schnellste. Zwar sind
die "routes nationales" bekannt für ihre geringe
Verkehrsdichte und ihren meist sehr guten Ausbau,
aber eine ganze Reihe von Stadtdurchfahrten mindern
erheblich das Reisetempo.
Im Gegensatz zur Variante III nur flache bis wellige
Landschaft.

Sehenswertes:
- Limoges: Gotische Kathedrale mit gewaltigem
              Turm, Porzellan- und Emaille-Manufaktur
- Angouleme: Romanische Kathedrale, Stadtbefestigung
- Perigueux: Malerische Altstadt mit zwei sehenswer-
              ten Kirchen.

Variante II: Durch die Auvergne (1140km Mülhausen Biarritz, 70 DM)

Mülhausen - Chalon - Pte de Lyon - Feurs - Clermont-
Ferrand - Brive - Bordeaux - Biarritz

Nach einhelliger Meinung die "schnellste" der
Südvarianten, wenn man das Stück Autobahn zwischen
Feurs und Clermont mitbenutzt.

Sehenswertes:
- Clermont-F.: Gotische Kathedrale mit sehr schönen
                Glasfenstern.
- Puy de Sancy: Mit der Schwebebahn auf den höchsten
                Gipfel des Zentralmassivs (1885m).
                Talstation 4km oberhalb des Ortes Le
                Mont-Dore.

Variante III: Durchs Massif Central

(1080km Mülhausen - Pau, 55 DM)

Mülhausen - Chalon - Lyon - St.Etienne - Le Puy -
St.Flour oder Mende - Rodez - Albi - Toulouse -
Tarbes - Pau

Sicher die "langsamste" Strecke durch Frankreich,
aber auch die landschaftliche reizvollste. Sie sollte, wenn die Zeit nicht zu knapp ist und Sie das
Zentralmassiv noch nicht kennen, bei Ihrer
Urlaubsplanung berücksichtigt werden.

Sehenswertes:
-Le Puy: Reizvolles Wallfahrtsstädtchen in male-
                rischer Landschaft.
-Gorges du
 Tarn: Die schönste Schlucht Frankreichs: 80km
                lang, 500m tief, das schönste Stück
                zwischen Rozier und Ste.Enimie,nur 21km
                von unserer Strecke entfernt.
-Albi: Gotische Kathedrale,von 40m hohen Wehr-
                mauern umgeben.

Wege über die Pyrenäen

Wer seine Autokarte eifrig studiert, entdeckt sage
und schreibe zweiundzwanzig Straßenverbindungen zwischen Frankreich und Spanien, zwei davon sind Auto-
bahnstrecken, eine führt durch Andorra. Uns interessiert jedoch noch nicht einmal die Hälfte von ihnen,
in den West-Pyrenäen, auf dem Weg nach Nord-Spanien.
Den Eiligen, Untermotorisierten und Flachlandfans
empfehlen wir den Autobahn-Grenzübergang Irun
südlich Biarritz. Er ist der Lieblingsgrenzübergang
der französischen Spanienfahrer. Fahren Sie ihn
möglichst zwischen 19 und 9 Uhr an, Staus sind nicht
selten.

Anfahrt zum Col de Portalet.

Unsere Tourenbeschreibung beginnt in Pau und führt
über den 1792m hohen Col de Portalet. Wir können die
Strecke wärmstens empfehlen. Sie ist landschaftlich
äußerst reizvoll und nirgens steiler als 7%, während
der bekanntere (weil 150m flachere) Col de Somport
Steigungen bis 12% aufweist.
Eine günstigere Alternative scheint uns der weiter
östlich gelegene Tunnel Puerto de Bielsa zu sein.
Da wir ihn selbst nicht kennen, würden wir uns über
Informationen aus dem Leserkreis sehr freuen.
Unsere Spanienrundreise endet am Puerto de Ibaneta
bei Roncesvalles. Wer diesen Paß ebenfalls für die
Heimreise wählt, hat relativ flachen Anstieg, aber
bis zu 12% Gefälle auf der Nordseite.

Col de Portalet

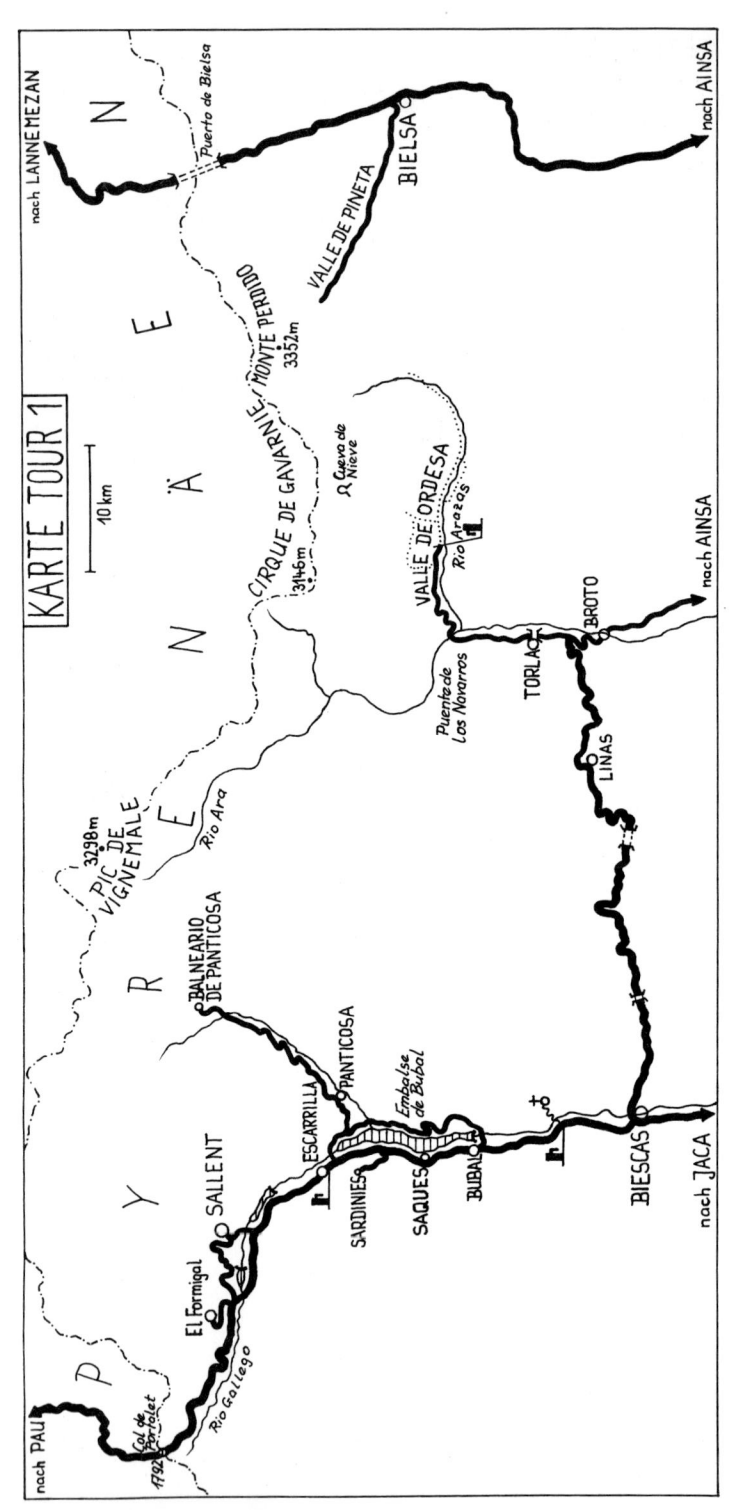

KARTE TOUR 1

10 km

nach PAU

nach LANNEMEZAN

nach AINSA

nach AINSA

nach JACA

P Y R E N Ä E N

Col de Pourtalet 1792

Río Gallego

El Formigal

SALLENT

BALNEARIO DE PANTICOSA

PIC DE VIGNEMALE 3298 m

Río Ara

ESCARRILLA

PANTICOSA

SARDINIES

Embalse de Búbal

SAQUES

BÚBAL

BIESCAS

CIRQUE DE GAVARNIE MONTE PERDIDO 3352 m

3146 m

Cueva de Nieve

Puente de Los Navarros

VALLE DE ORDESA

Río Arazas

LINAS

TORLA

BROTO

Puerto de Bielsa

VALLE DE PINETA

BIELSA

N

TOUR 1
Col de Portalet – Embalse de Bubal – National-park Ordesa

Zufrieden schnurrend nimmt unser WOMO die Serpentinen der gepflegten Bergstraße von PAU zur spanischen
Grenze. Der Zeiger des Ölthermometers steht auf
bescheidenen 100 Grad, eine Folge des Nieselregens,
der uns seit unserem letzten Übernachtungsplatz in
der Nähe von TOULOUSE begleitet.
Eine riesige Staumauer taucht vor uns auf, die
Straße bewegt sich direkt darauf zu, so als wäre
persönlich für uns ein Tunnel hindurchgegraben.
Witzige Hände haben riesige Fußspuren, die senkrecht
nach oben führen, auf die Betonwand gepinselt.
Direkt am Fuß der Staumauer knickt unser Weg nach
rechts ab, gewinnt schnell die Höhe des Wasserspie-
gels. Immer noch Regen, Nebelschwaden ziehen über
den Stausee von FABREGES. Oder sind es Wolken?
Auf den nächsten Metern bewahrheitet
sich die letztere Überlegung, und wie
ein U-Boot die Wasseroberfläche durch-
brechen wir die Wolkendecke, strahlend
im Sonnenlicht die Gipfel der Pyrenäen
rings um uns her, an deren Hängen
weidende Schafherden dahinziehen. Die
Matten, die unseren Weg begleiten,
stehen in voller Blüte. Büschel von
weißem Fingerkraut, gelbem Labkraut
und dem hohen, gelben Enzian, um den
das Vieh wegen seiner Gerb- und Bit-
terstoffe sorgsam herumweidet, sind
eingestreut in ein Meer aus violetten
Iris. Wir können gar nicht anders,
müssen anhalten und hineinlaufen, uns
umgeben mit dieser Farbenpracht.
Ein Gebirgsbach rauscht im Grund über
riesige ausgewaschene Felsbrocken dahin, lädt zum Verweilen ein.
Von hier unten werden uns die Größen-
verhältnisse einmal wieder zurechtge-
rückt: Das WOMO, sonst ein Alptraum in
engen Dorfsträßchen und auf Feldwegen,
ist auf Streichholzschachtelgröße zu-
sammengeschrumpft, gewaltig dahinter die Kulisse der
Berge.
Jetzt kommt richtig Urlaubsstimmung auf! Die lange
Anfahrt ist sofort vergessen, und voller Neugier
schrauben wir uns die letzten Meter bis zum COL DE
PORTALET und damit zum französisch-spanischen Grenzübergang hinauf.
Wie viele Grenzen haben wir schon überschritten,
haben an ihnen wartend herumgestanden. Wie wird es
heute sein?
Einen französischen Grenzer bekommen wir überhaupt
nicht zu sehen, und der Spanier erweist sich als
echter Hidalgo: Nur einen flüchtigen Blick wirft er
auf unseren Familienpaß, aber er erkundigt sich
freundlich nach unserem Urlaubsziel und gibt uns
schließlich mit einer großzügigen Handbewegung den
Weg frei, als wolle er sagen: "Das schenke ich Euch
alles für einen Urlaub!"

Uns gefällt Spanien schon, bevor wir es überhaupt
betreten haben! Fröhlich rollen wir die Serpentinen
hinab, das Panorama genießend, das sich uns aus der
Vogelperspektive bietet. Neugierig spähen wir um
jede Kurve, denn etwas ganz Neues haben wir uns
ausgedacht, um den langen Weg bis zum Meer in ange-
nehme Abschnitte zu untergliedern!
Bei der Urlaubsplanung waren uns die vielen Stauseen
in ganz Spanien aufgefallen - warum sollen die nicht
auch einen Badespaß und ein schönes Plätzchen bieten
können?
Trotzdem sind wir sprachlos, als der erste See –
nach unserer Karte viel zu früh - wie ein Smaragd
unter uns aufglitzert.Er muß ganz neu angelegt sein!
Wie ein Magnet zieht er uns an, aber der Familienrat
beschließt: Erst werden frische Lebensmittel eingekauft, Wasser muß auch gefaßt werden! So rollen wir
weiter bergab, am Ufer eines zweiten, ebenfalls noch
namenlosen Stausees vorbei bis nach ESCARRILLA. Dann
aber packt uns doch die Neugier, denn eigentlich
hatten wir uns auf der Karte den EMBALSE (Stausee)
DE BUBAL ausgesucht! So fahren wir auch noch diese
paar Hundert Meter, und als wir am Dorf SAQUES dessen verlassene Häuser bis ins Wasser hineinragen,
einen weiten Blick über das Seeufer werfen können,
ist sofort allen klar: Hier haben wir unser erstes
Plätzchen gefunden!

GENAUE ZUFAHRTSBESCHREIBUNG
Einen Kilometer südlich der Abzweigung zum Gebirgs-
dorf SARDINIES und noch 100 Meter vor SAQUES zweigt
man unmittelbar vor der zweiten Leitplanke nach
links in einen Schotter- und Wiesenweg ein. Die
Piste ist furchig und hat z.T. abenteuerliche
Schräglage (bis 25%), wenn man sie bis zum Ende
fährt. Aber keine Angst, so schnell fällt ein WOMO
nicht um, auch wenn in den Schränken alles bergab
scheppert! Erst bei 50% fängt's an, kritisch zu
werden!

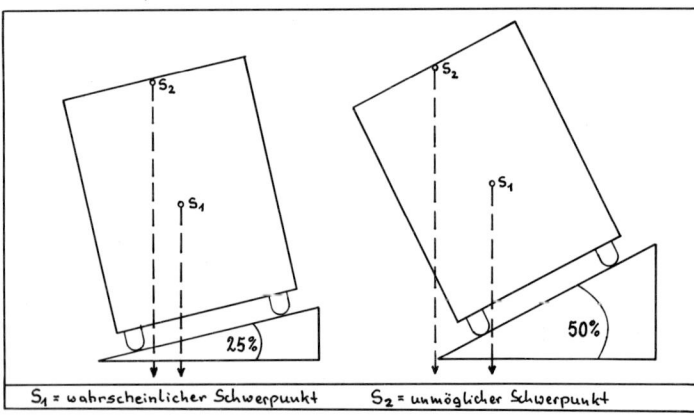

S_1 = wahrscheinlicher Schwerpunkt S_2 = unmöglicher Schwerpunkt

Unser Weg hat uns in ein weites Wiesengelände geführt, das sanft zum Seeufer abfällt. Nur wenige
haben ebenfalls in diese Gegend gefunden, so teilen
sich etwa zwanzig Urlauber in eine Fläche, die meh-

rere Fußballplätze groß ist. Schnell haben wir uns eingerichtet, und nun kommt der Moment, der alles entscheidet: Vorsichtig tauchen wir den großen Zeh in die Fluten - zufriedene Blicke allerseits, und das objektive Badethermometer bestätigt mit 22 Grad: Erfreulich warm für 1000 Meter über Meereshöhe. Auch die Lufttemperatur ist mit 28 Grad gerade richtig für den Anfang.
Neben uns hat eine spanische Familie ihr Zelt aufgeschlagen, die Kinder sammeln bereits Brennholz für das abendliche Lagerfeuer - und unsere machen natürlich sofort mit. So sitzen wir nach Sonnenuntergang gemeinsam zusammen und machen erste Gehversuche in deutsch-spanischer Verständigung. Am meisten hilft dabei die lederne Weinflasche, aus der man den Weinstrahl im hohen Bogen in den Mund lenken soll. Jetzt erst kommt das spanische Familienoberhaupt von der Arbeit zurück, rumpelt mit einem Lieferfahrzeug über

Bubal-Stausee

die Wiese heran. "Pastelleria" entziffere ich im Flackerlicht des Feuers. Wir werden begrüßt wie alte Bekannte und als Begrüßungsgeschenk räumt Senor Bes eine riesige Schachtel mit Kokoskuchen aus seinem Konditoreifahrzeug. Mit uns und der Welt zufrieden legen wir uns weit nach Mitternacht in unserem WOMO zur Ruhe - ein guter Anfang ist gemacht.

VERSORGUNGSMÖGLICHKEITEN
4 km nördlich in ESCARRILLA zwei Lebensmittelläden und Metzgerei. Brunnen in der Ortsmitte und am südlichen Ortseingang links.
Direkt am nördlichen Ende unseres Wiesengeländes Bach mit Wasserfall, am besten zugänglich oberhalb der Straße.

Wie viel könnte man vom Standplatz "Saques-Seewiese" aus alles machen! Eine Rundfahrt um den BUBAL, einen Abstecher zum Badeort PANTICOSA, nur 12 km entfernt mit wunderschönen Wanderwegen in die Bergwelt des PIC DE VIGNEMALE. Wir aber liegen zwei Tage faul auf unserer Haut und brechen dann auf zum Nationalpark ORDESA, von dem wir nur wissen, daß er schön sein soll.

Zunächst geht es den RIO GALLEGO weiter hinab, der ja unseren Stausee füllte. An der Abzweigung zum Monasterio (Kloster) STA. ELENA plätschert ein sorgfältig gemauerter Brunnen.

Vor BIESCAS biegen wir nach links in eine schmale und kurvige, aber sehr gut unterhaltene Straße und gelangen über LINAS DE BROTO zu einer zweiten Gabelung. Wir biegen wieder nach links und halten verblüfft an: Vor uns liegt die atemberaubende Schlucht des RIO ARA. Felswände in allen Farbnuancen von blendendem Weiß über gelb, ocker, rot und braun steigen bis zu 1000 m steil in die Höhe.

Wenn man glaubt, das Auge könne die Pracht dieser Naturschönheiten kaum noch bewältigen, biegt die Straße an der PUENTE DE LOS NAVARROS in das Nebental des RIO ARAZAS ein, und man wird endgültig überwältigt von der gigantischen Szenerie absolut senkrecht aufragender Wände, die der Fluß wie mit Meisterhand abgesägt hat. Die Fahrstraße führt an einem geschlossenen Informationsstand vorbei und endet an einem riesigen Parkplatz mit Picknickwiese, Restaurant, Toiletten und Andenkengeschäft (hier gibt es die Wanderkarte:"Valle de Ordesa/Vignemale/Mte Perdido", Maßstab 1:40000 mit Begleitheft, leider nur auf spanisch. Eine Übersichtskarte im Maßstab 1:50000 befindet sich auch auf der Rückseite der Firestone-Autokarte "Pirineo Occidental" Nr.T-21).

Eine besondere Attraktion für Kinder (und große Kinder) ist der Maultierverleih am Ende des Parkplatzes bei der Parkwache (Guarderia Forestal). Pro Stunde sind ca. 10 DM zu berappen. Hier, am Ende des Parkplatzes, kann man auch auf den Flußschotter des ARAZAS hinabfahren und steht abseits des Trubels (Vorplanung für die Übernachtung!).

Der Spazierweg entlang des Flusses könnte von einem Gartenarchitekten angelegt worden sein. Das Auge findet keine Ruhe: eine Vielfalt von Bäumen, unter denen riesige Rotbuchen dominieren, sattgrüne Wiesen, die zum Lagern einladen, und immer wieder der Blick hinauf zu den Steilwänden mit ihren farbigen Bänderungen, gekrönt von eingekerbten Zinnen, zerfurcht von Schluchten, durch die sich Wasserfälle hinabstürzen.

Ca. 3km sind es bis zum ersten Wasserfall (CASCADA DE ABANICA), aber man sollte es keinesfalls versäumen, bis zum dritten, der CASCADA DEL ESTRECHO, durchzuhalten, er ist der eindrucksvollste.

Auf dem Rückweg überqueren wir den ARAZAS oberhalb des ersten Wasserfalles, verweilen auf der Aussichtsplattform (Mirador) und wandern auf der anderen Flußseite bis zur nächsten Brücke zurück, wo wir wieder auf den Ausgangsweg und nach 1 km zum Parkplatz zurückfinden.

"Prohibido acampar y pernoctar" steht auf einem der vielen Hinweisschilder, und selbst für Spanienanfänger ist dieses Verbot eindeutig. Aber inzwischen ist es Abend geworden, und die Männer der Forstwache haben sich zu einem geruhsamen Feierabend entfernt. Außerdem scheinen auch einige weitere Fahrzeugbesitzer schlecht lesen zu können, und so betten wir uns nach einer Flasche " vino tinto" sorglos zur Ruhe. Leider bleiben wir nicht ganz ungestört: Gewitter auf Gewitter dröhnt über uns hinweg. In der engen

Schlucht hat man das Gefühl, in einer Tonne zu
sitzen, in die die empörten Parkwächter Silvester-
kracher werfen.
Noch am nächsten Morgen prasselt Regen hernieder.
Das kann ja heiter werden! Zu allem Überfluß nähert
sich auch noch schirmschwingend der erste Forstwäch-
ter unserem WOMO. Sein vorwurfsvolles "Prohibido
acampar" nehmen wir mit niedergeschlagenem Blick zur
Kenntnis, aber er wendet sich schon einem französischen VW-Bus zu, dessen Insassen ihn so verständnis-
los mustern, daß er kopfschüttelnd zu seiner Forst-
hütte und einem wohlverdienten Frühstück zurück-
kehrt.
Was soll nur aus unserer ersten Bergtour werden?
Immer noch hetzen schwarzbraune Wolken heran, der
Niederschlag geht jedoch in ein gleichmäßiges
Tröpfeln über. Erste blaue "Löcher" am Himmel machen
uns Mut: Anoraks an, Rucksäcke über, und los geht's!
Zunächst folgen wir ca. 1km dem ARAZAS wie gestern,
bei der Marienstatue zweigen wir jedoch links ab,
dem Hinweisschild "COTATUERO" folgend. Dichter Tan-
nenwald umfängt uns sofort, aus den Zweigen werden
wir noch heftig beschüttet, während wir durch die
hochziehenden Nebelfetzen stapfen. Der Pfad ist
schmal, steil, steinig und häufig glitschig. Neben
ihm, meist durch dichten Bewuchs verdeckt, schießt
der COTATUERO-Bach tosend und schäumend herab.
Nachdem wir 300 Höhenmeter überwunden haben, gelangen wir in 1650m Höhe zu einer Schutzhütte am Fuße
des COTATUERO-Wasserfalles. Sie bietet gerade vier

Nationalpark Ordesa

Langschläfern in ihren Schlafsäcken Platz, wir genießen vesperkauend die Aussicht auf die herabgisch-
tenden Wassermassen.

Neben der Schutzhütte gabelt sich der Weg. Wir halten uns links (Hinweisschild:"CLAVIJA") und gelangen nach kurzem Serpentinenanstieg wieder an eine Gabelung. ACHTUNG! Wer jetzt nach rechts weitermarschiert, z.B. um die Eishöhlen im Kammgebiet an der französischen Grenze zu besichtigen, braucht Bergerfahrung! Der Weg führt über steile Passagen (Schwindelfreiheit!) und in einem Kamin über Steighilfen (Stahlstifte = CLAVIJAS).

Wir wenden uns nach links und gelangen auf ebenem Steig an den Fuß der PUNTA GALLINERO. Unterhalb der Steilwände geht es weiter mit Ausblicken über das gesamte Tal mit seiner üppigen Vegetation und vor allem den vielen weiß von den Hängen herüberblitzenden Wasserfällen. Der Pfad windet sich durch einen dichten Stachelpelz aus unglaublich leuchtendgelb blühendem Stechginster.Iris, Knäuelglockenblumen,Sternmierenpolster, und die über ein Meter hohen Fruchtstände des Affodill drängen sich dazwischen empor.
Etwa 1km sind wir seit der Schutzhütte gelaufen, der Magen beginnt sich langsam wieder zu melden, da taucht auch schon, wie herbeigewünscht, ein idealer Rastplatz auf: Hinter Rosenbüschen ist unter der überhängenden Wand ein steinerner Windschutz aufgerichtet.Wie in der Fürstenloge eines Freilichttheaters nehmen wir hier unser Mittagessen ein, das Panorama wird uns unvergeßlich bleiben.
Zwei etwas schwierigere Passagen des Felsenpfades schließen sich nach Westen an, bevor wir direkt vor der steil aufragenden Nadel des TOZAL DEL MALLO an einen kleinen Wasserfall gelangen, dessen spärliche Wassermengen fast von den darin wachsenden Moospolstern aufgesaugt werden.
Hier ist die Vegetation am üppigsten, kein noch so kleines Fleckchen, das nicht blütenbedeckt, ja geradezu übersät ist mit Farben.
Hier mündet unser Pfad in den Aufstiegsweg zum CIRCO DE SALARONS. Wir wenden uns nach links, und wie in einer hohlen Gasse werden wir in dem ausgewaschenen Steig in Mäandern zu Tale geführt. So, wie wir an Höhe verlieren, mischen sich Buchs und Wacholder zwischen die Blumenpracht, bis bei der letzten Schutzhütte wieder Kiefernwald die Regie übernimmt, durch dessen dichtes Unterholz aus Farn und Himbeergestrüpp wir uns einen Weg zum Parkplatz zurück suchen.
Hier ist jetzt wieder Hochbetrieb, während wir auf unserem Panoramaweg keinem einzigen Menschen begegnet waren. So fällt es uns nicht schwer, langsam aus dem Nationalpark hinauszutuckern, wobei wir bis BIESCAS den gleichen Weg wie bei der Herfahrt wählen. Dann aber geht es ab nach Süden und nach gut 60km ist JACA erreicht.(Stadtplan Rückseite Firestonekarte T-23).

TOUR 2
Jaca – Embalse de Yesa – Sangüesa – Rio Irati

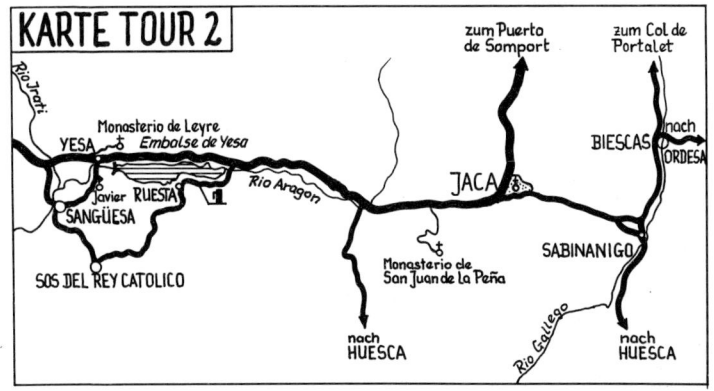

KARTE TOUR 2

zum Puerto de Somport
zum Col de Portalet
Rio Irati
Monasterio de Leyre
YESA — Embalse de Yesa
BIESCAS
nach ORDESA
Javier RUESTA
Rio Aragon
JACA
SANGÜESA
SOS DEL REY CATOLICO
Monasterio de San Juan de la Peña
SABINANIGO
nach HUESCA
Rio Gallego
nach HUESCA

In JACA laufen, bzw. fahren wir sofort der Polizei
in die Arme, denn der ganze Ortskern ist wegen eines
Umzuges gesperrt. (Stadtplan: Firestonekarte T 23).
Wir machen den übermütigen Versuch, durch Neben-
straßen zur Kathedrale zu gelangen, und erhalten
sofort Nachhilfeunterricht in mittelalterlichem
Straßenbau! Sträßchen, nein Gäßchen mit einer Breite
von höchstens 4 Metern (incl. Bürgersteige!) treiben
mir den kalten Schweiß auf die Stirne. Alle paar
Meter ragt noch ein kleiner Balkon im ersten Stock
in die Straße hinein. Je näher wir der Kathedrale
kommen, desto länger wird die Kerze, die ich zu
stiften gewillt bin, falls alles gut geht.
Endlich haben wir die Plaza Biscos und einen Parkplatz gefunden. Die Kathedrale Jacas ist einer der
ersten romanischen Bauten Spaniens, Tympanon und
Kapitele des Westportals stammen aus dem XI.Jahr-
hundert. Wir rätseln lange über die Darstellung des
Menschen, der, unter dem Löwen liegend, eine Schlange würgt. Dem kreisrunden Christussymbol darüber
werden wir noch häufig in Spanien begegnen.
Ein Bummel durch die umliegenden Straßen zeigt uns,
wie anders die Spanier ihre Stadt nutzen. Während
bei uns nach Büroschluß gestreßte Menschen von Geschäft zu Geschäft hetzen, um vor Ladenschluß noch
schnell einzukaufen, bestimmt hier der "paseo" das
Bild der Stadt:Die Menschen haben sich fein gemacht.
Man flaniert, zu zweien oder in Gruppen, wirft sich
Blicke zu, und die Straßencafes haben bis in die
späte Nacht Hochkonjunktur.
Uns aber beginnt langsam die Zeit davonzulaufen -
oder sollen wir gleich neben der Kirche nächtigen?
Der sonore Ton des Stundenschlages läßt uns erschrocken zusammenfahren. Schon gut! Wir fahren
weiter. An den südlichen Ortsrand zurückgekehrt,
entdecken wir zum ersten Mal das Hinweisschild mit
der Pilgermuschel, das die Entfernung zum Ziel aller
Jakobs-Pilger angibt:"SANTIAGO DE COMPOSTELA 740km".
Wir folgen ihm auf der C.134 nach Westen und rollen
auf ebener, gepflegter Bahn der untergehenden Sonne
entgegen.

"43km bis zum EMBALSE DE YESA, dem "Pyrenäenmeer"",
meldet meine Copilotin. "Wollen wir am Nord- oder am
Südufer übernachten?" Wir entscheiden uns für das
schmale Nebensträßchen, das am Anfang des Stausees
Richtung SOS DEL REY CATOLICO nach Süden abzweigt.

Erosionslandschaft am Yesa-Stausee

Ihm folgen wir, den RIO ARAGON überquerend, bis wir
nach genau 8km an einen spärlich plätschernden Brunnen gelangen. Vorher jedoch trete ich voll Erstaunen
in die Bremse. Wo sind wir denn jetzt gelandet? Wie
die Kulissen einer Mondlandschaft umgeben uns riesige Mergelhügel. Ihre Oberfläche ist völlig vegeta-
tionslos, auf den kleinen Täfelchen, die von der
Erosion freigelegt worden sind, gleitet man wie ein
Sommerskifahrer hinab. Dieses Naturwunder muß man
unbedingt bestaunt haben!
Noch 600m sind es vom Brunnen, bis rechts ein or-
dentlicher Feldweg zwischen abgeernteten Weizenfel-
dern zum knapp einen Kilometer entfernten Seeufer
führt.

Hier ist Einsamkeit angesagt! Wer will, kann über
eine kleine, geländerlose Brücke noch kilometerweit
nach links weiterfahren, immer in Sichtweite des
Wassers - keine Menschenseele ist zu sehen. Ein
Refugium für Robinsons und solche, die es werden
wollen. Der Grund für diese Einsamkeit wird uns erst
nach Erforschung des "Strandes" klar: Der YESA-
Stausee, über kilometerlange Bewässerungsleitungen
mit den Nutzflächen der Umgebung verbunden, hat
einen stark schwankenden Wasserstand. Während im
Winter und im Frühjahr die Regenfälle ihn füllen,
muß man jetzt, in der heißesten Jahreszeit, mehrere
Meter über Felsklippen zur Wasseroberfläche hinab-
steigen - kein Platz für kleine Kinder und Sand-
strandnixen.
So geht es am nächsten Morgen weiter. Zunächst machen wir einen Abstecher nach RUESTA, dem nächsten
Dorf an unserem Nebensträßchen. Hier aber erwartet
uns eine böse Überraschung: Alle Häuser stehen leer,
sind z.T. niedergebrannt. Nach kurzem Grübeln wird
uns klar: Auch ein Bewässerungsstausee vernichtet

Bodenfläche; und so hat der YESA-Stausee den Bewohnern von RUESTA ihre Lebensgrundlage genommen, sie zur Umsiedelung gezwungen.

10km sind es zurück zum RIO ARAGON und zur Abzweigung von der N.240. Weiter geht es nach Westen, jetzt immer am nördlichen Seeufer entlang. Von steilen, schützenden Felsen herab starren die Mauern kleiner Dörfer, auch sie machen einen verlassenen Eindruck.

Am Seeufer bietet sich überall das gleiche Bild: Massenhaft Stichstraßen zum See, kaum Menschen, aber durch den niedrigen Wasserstand eine Randzone schlammverbackenen Schotters, die wahrlich nicht zum Verweilen einlädt. Auch der einzige Campingplatz hinter TIERMAS kann sich nicht übermäßigen Zulaufs erfreuen.

So ist Kultur die Alternative! Als erstes zweigen wir kurz hinter dem Örtchen YESA rechts zum MONASTERIO DE LEYRE ab. Das große Hinweisschild kann nicht übersehen werden. Die Pilger früherer Zeiten mußten ganz schön schwitzen, wenn sie da hinauf wollten, auch unser WOMO-Motor gibt ein unwilliges Brummen von sich, als ich schließlich sogar in den ersten Gang zurückschalten muß - 15% Steigung können es gut sein!

Kloster Leyre

Aber schon nach 4km liegt der Klosterkomplex vor
uns. Zunächst genießen wir die herrliche Aussicht
über den glitzernden Wasserspiegel des Pyrenäen-
meeres hinweg bis zur Bergkette der SIERRA DE SANTO
DOMINGO am Horizont.
Das Westportal aus dem XII.Jahrh. besticht durch
seine Figurensprache: Selbst ein Analphabet konnte
in früheren Jahren so in der Bibel "lesen".
Am meisten beeindruckt jedoch die Krypta aus dem
XI.Jahrh., deren kurze Säulenschäfte mit den riesigen, primitiv verzierten Kapitellen wie von der Last
der wuchtigen Tonnengewölbe in den Boden gedrückt
erscheinen.

Kloster Leyre, Krypta

Wir kehren nach YESA zurück, um im Ortszentrum nach
rechts Richtung SANGÜESA abzuzweigen.
Ist der Wasservorrat noch reichlich? Am Ortsende
links schießt ein armdicker Wasserstrahl in einen
Brunnentrog.
Die Straße windet sich durch Hügelland, an einer der
steilsten Stellen führt sie uns an dem prachtvollen
Schloß JANVIER aus dem XVI.Jahrh. vorbei. Es ist
schon Mittegszeit, als wir direkt neben dem Südpor-
tal der Kirche Santa Maria la Real in SANGÜESA
einparken. Es spricht auch für den weniger Bibelbe-
lesenen eine deutliche Sprache:Im Tympanon Christus,
von Engeln umgeben, den Ablauf des Jüngsten Gerichts
überwachend. Links die Seligen, reich gekleidet.
Rechts die Verdammten, die, einander festhaltend,
dennoch in die Fratzen der Hölle hinabstürzen.
Überall wimmelt es von Schreck- und Sagengestalten.
Dieser Zoo der Häßlichkeit macht deutlich: Wer hier
eintritt, läßt alle Gefahren und Ängste dieser Welt
hinter sich!
Das Kircheninnere selbst ist romanisch-dunkel. Kaum
kann man die Einzelheiten der Säulenkapitelle erkennen. Wir genießen die Kühle, sind geradezu geblen-
det, als wir schließlich ans Tageslicht hinaustre-
ten, um für unser leibliches Wohl zu sorgen.

In solch einem abgelegenen Provinzstädtchen gibt es sicher nicht viele vernünftige Gaststätten. So sprechen wir den nächstbesten Passanten an, mühen uns in allen Weltsprachen ab, bis schließlich ein paar Schülerinnen uns mit ihren Französischkenntnissen aus der Patsche helfen. Fremdsprachen sind wahrlich nicht die Stärke der Spanier.
Dafür kann man über ihre Küche nicht klagen, wie wir kurz darauf im Restaurant "LAS NAVAS" feststellen können. Es liegt nur wenige Schritte von der Kirche entfernt. Man geht Richtung Zentrum und dann in die erste Seitenstraße rechts hinein. Dort empfängt einen im 1.Stock erfrischende Kühle, und das "menu del dia" mit im Teig gebackenem Seehechtfilet (Merluza a la romana) ist gut, preiswert und reichlich.
Jetzt fehlt nur noch ein schönes Plätzchen mit Bademöglichkeit!
Wir nehmen die Straße nach PAMPLONA und gelangen nach 5km bei LIEDENA wieder auf die N.240. Jetzt heißt es aufpassen! Links abbiegen (Richtung PAMPLONA) und nach wenigen hundert Metern auf einem Kiesweg rechts zum Ufer des RIO IRATI hinab. Hier werfen Eschen Schatten für das WOMO, Weiden- und Pappelgruppen laden zum Verweilen ein, und das durch eine natürliche Felsbarriere aufgestaute Flüßchen bietet genug Tiefe für ein erfrischendes Bad. (Wassertemperatur 24 Grad, Lufttemperatur 30 Grad).
Oberhalb der Eschenreihe erstreckt sich eine Wiese mit Olivenbäumen, ideal zum Zeltaufbau.
Für den abendlichen Spaziergang empfiehlt sich der Weg flußaufwärts zum "HOZ DE LUMBIER", einem Felsendurchbruch, aus dem das Wasser des IRATI ins Freie quillt; ein Schauspiel, das man sich nicht entgehen lassen sollte!

Nichts kann uns dazu bewegen, heute noch die Weiterfahrt anzutreten. Und so schlafen wir traumlos, eingewiegt vom Rauschen der Eschen und dem Geplätscher der IRATI-Wellen.

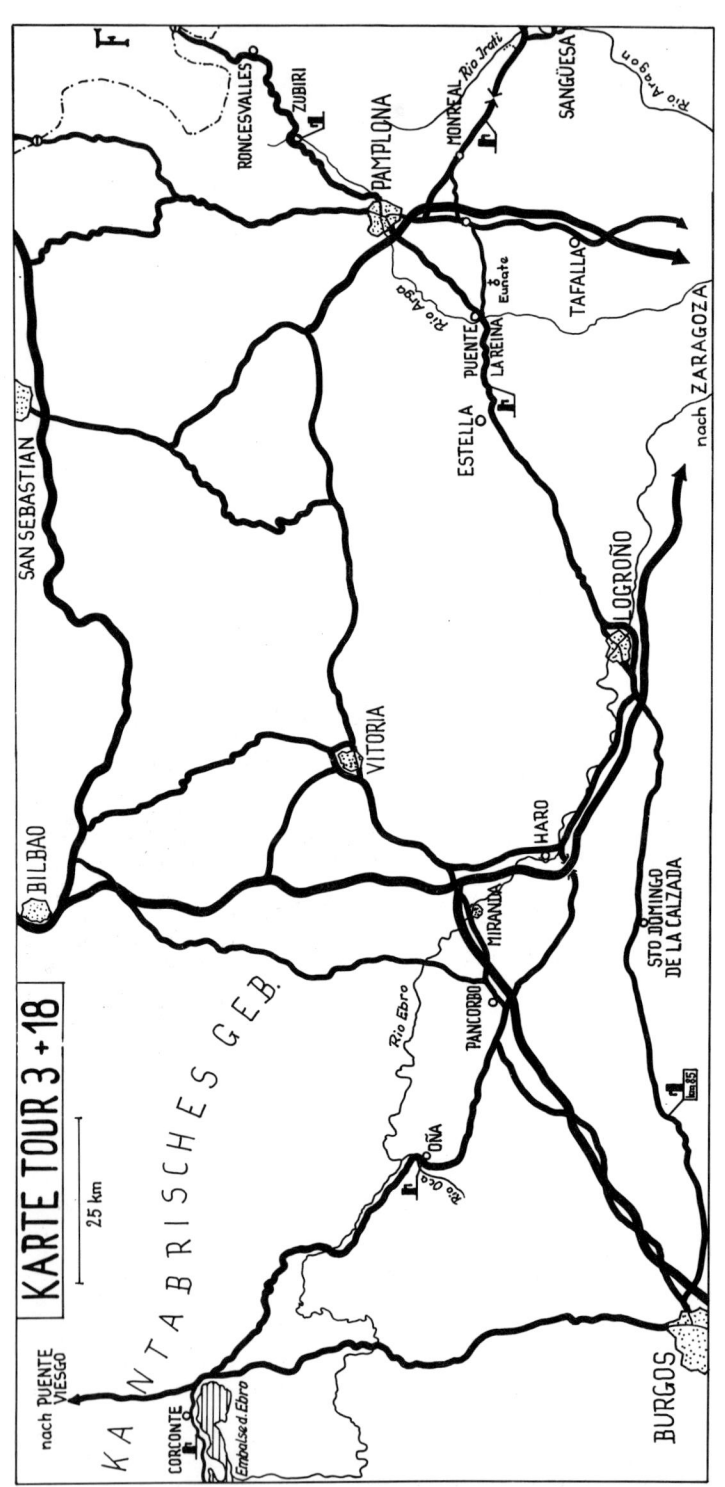

KARTE TOUR 3 + 18

25 km

nach PUENTE VIESGO

KANTABRISCHES GEB.

CORCONTE

Embalsed. Ebro

OÑA

Rio del Oro

Rio Ebro

PANCORBO

STO. DOMINGO DE LA CALZADA

km. 85

BURGOS

MIRANDA

HARO

VITORIA

BILBAO

SAN SEBASTIAN

LOGROÑO

nach ZARAGOZA

ESTELLA

PUENTE LA REINA

Eunate

Rio Arga

TAFALLA

PAMPLONA

MONREAL

Rio Irati

SANGÜESA

Rio Aragon

ZUBIRI

RONCESVALLES

F

F

F

F

TOUR 3
Eunate – Puente la Reina – Logroño – Pancorbo – Oña – Embalse del Ebro

Schon früh am Morgen erleben die Wasser des IRATI eine heftige Wasserschlacht, denn frisch wollen wir uns auf die ca. 300km lange Strecke bis in die PICOS DE EUROPA machen. Zunächst folgen wir der N.240 weiter nach Westen, erklimmen den "Paß" PUERTO DE LOITI. 4km weiter plätschert wieder links ein Brunnen, aber alle Systeme sind noch gefüllt. So müssen wir nur achtgeben, daß wir 2,7km hinter MONREAL nicht die Abzweigung nach links Richtung LAS CAMPANAS verfehlen. Kurz vor diesem Ort treffen wir auf die breite N.121, nachdem wir die Autobahn überquert haben, biegen in sie nach Süden (Richtung MADRID) ein, verlassen sie aber schon 1,3km nach Ortsende LAS CAMPANAS wieder nach rechts, dem Wegweiser PUENTE LA REINA folgend.

Eunate

2km hinter dem Weiler ENERIZ, einsam mitten in abgeernteten Feldern, unser erstes Ziel: EUNATE!
Niemand weiß so recht, welche Aufgabe dieses mozarabische Kirchlein aus dem XII.Jahrh. weit weg von jeder Siedlung hatte. Uns erfreut seine friedvolle, ruhige Lage. Wir schlendern durch die Arkaden aus 33 Rundbögen, davon 14 Doppelsäulen mit figurenverzierten Kapitellen, die wie Girlanden den achteckigen Bau umrahmen. Er stellt ein Idealbild symmetrischer Geschlossenheit dar. Noch vollkommener wirkt der dreistufige Innenraum, der in einer nahezu halbkugeligen Kuppel gipfelt. Etwas eigenartig wirken auf uns lediglich die wurstartig gebogenen Säulen über den Fensterbögen.
Kaum können wir uns losreißen, aber ein wichtiger Ort wartet auf uns, Treffpunkt aller Pilgerwege zum fernen SANTIAGO, die Brücke von LA REINA!

Eunate, Arkadenumgang

Wen wundert's, daß die Pilger aus Mitteleuropa die
Pyrenäen auf verschiedenen Wegen bezwangen, sie
möglichst sogar nördlich oder südlich umgingen, kein
Weg war besser, sicherer als der andere. Aber in
Spanien rückte man zusammen, wanderte gemeinsam dem
Ziel entgegen und wählte vor allem den bequemsten
Weg. Die einzig wirklich gefährlichen Hindernisse
waren dabei die Flüsse; im Sommer oft nur ein Rinnsal, im Herbst und Winter jedoch tückische Barrie-
ren, mit Fährleuten, die ihren Lohn nach Gutdünken
festsetzten.
So mündeten die Wege, die von den Bergen nach Westen
führten, stets in das Nadelöhr einer sicheren Fluß-
brücke. Hier siedelten sich Klöster an, boten den
Pilgern Unterkunft, Mahlzeit und auch ärztliche
Hilfe, in den Klosterkirchen fand man Trost und
neuen Mut.

26

Puente la Reina, Pilgerbrücke

Wir finden in PUENTE LA REINA am Ende der Platanenallee, die die Hauptverkehrsstraße um den alten Stadtkern herumführt,einen schattigen Parkplatz. (Der Kinderspielplatz direkt daneben ist vielleicht auch für die eine oder andere Familie interessant!). Nur wenige Schritte sind es bis zur neuen Brücke über den RIO ARGA, von der aus wir einen prächtigen Blick auf die alte Pilgerbrücke haben. Ein Seitensträßchen führt uns zu ihr und zum Ende der CALLE MAYOR, der alten Hauptstraße, auf der früher die Pilger durch die Stadt zogen und schließlich auf der ehrwürdigen, sechs-bogigen Buckelbrücke den Fluß überquerten.

Von dem Brückenhaus aus kann man schon, die enge Hauptstraße hinabblickend, den Turm der Santiagokirche erkennen. Sie war Stätte der Andacht und Aufmunterung zugleich für jeden Santiagopilger. Begegnete er in ihr doch, nachdem er durch das reich mit mozarabischen Anklängen verzierte Portal eingetreten war, seiner Traum- und Leitfigur: Sant Jago, dem Heiligen Jakobus, in Überlebensgröße, holzgeschnitzt, mit einem prunkvollen Goldbaldachin geehrt - erkenntlich am Pilgerstab und natürlich den drei Pilgermuscheln am Hut. Dieses Bild eines jungen, tatkräftigen Heiligen vor Augen, der sich selbst zum Pilger erniedrigte, waren die Strapazen des weiten gebirgigen Weges leichter zu ertragen.

Wir schlendern weiter die alte Hauptstraße hinab, die Umgehungsstraße überquerend und haben nach wenigen Schritten die IGLESIA CRUCIFIJO erreicht. Die Figur des Erlösers hängt an einem Y-förmigen Kreuz, das der Legende nach von einem Mönch aus Deutschland hier her gebracht worden sein soll.

Weiter geht es auf der N.111 nach Westen. Zwischen LORCA und VILLATUERTA plätschert links, gegenüber

Puente la Reina, Santiagokirche

einem Fichtenwäldchen, ein sorgsam eingefaßter Brunnen.

Die neue Stadtumfahrung spart uns den Weg durch die Großstadt LOGRONO. Wir folgen den Wegweisern N.232 VITORIA, bis wir kurz vor HARO nach links Richtung PANCORBO/SANTANDER abzweigen müssen. ACHTUNG! Hier haben sich die spanischen Verkehrstechniker eine besondere Touristenfalle ausgedacht. Genau drei N.232 gibt es ab HARO. Folgen Sie also nur den Hinweisschildern PANCORBO/SANTANDER!

Wir befinden uns jetzt mitten in der RIOJA ALTA, dem Zentrum des wohl berühmtesten Weinanbaugebietes Spaniens. Ein Abstecher in eine der Bodegas in BRIONES (6km vor HARO) oder in HARO selbst würde allerdings weiteren Tatendrang empfindlich dämpfen. Also statt einer Weinprobe lieber ein paar Fläschchen für den gemütlichen Abend! Aber vor dem Kauf auf jeden Fall nach dem Preis fragen. Denn: Billig ist der Rioja nicht gerade - nicht ohne Grund wird er mit Vorliebe in Gaststätten den Touristen ungefragt serviert, die nicht ausdrücklich einen anderen, z.B. den stets billigen "vino de mesa" oder "vino de la casa", verlangen.

Diesmal kreuzen wir die Autobahn gleich zweimal, bevor wir an PANCORBO vorbei, einen Blick nach rechts in die gleichnamige Felsenschlucht werfend, aus der sich wie ein Lindwurm die Autobahn herausschlängelt, auf die PICOS DE EUROPA, das Kantabrische Randgebirge, zuhalten.

Schöne Kastanienalleen beschatten unseren Weg bis ONA. Hier finden wir die letzte Tankstelle vor dem Gebirgsaufstieg und hinter dem Ort gleich links, wo sich der RIO OCA mit der Straße und der Eisenbahnlinie gemeinsam durch eine Schlucht quält, einen idyllischen Picknickplatz mit Brunnen.

Dann beginnt der Anstieg!
In endlosen Serpentinen, die dem Fahrer nur knappe
Blicke auf die wilde Gebirgslandschaft
gestatten, gelangen wir schließlich auf
eine wellige Hochfläche.Vereinzelte Pinien,
Wacholdergruppen und vor allem violette
Meere von Heideflächen geben hier den Ton
an. Die Luft ist nordisch kühl, Böen lassen
den Wagen schwanken. Irland, ja Schottland
hat hier Pate gestanden.
Hinauf und hinab, die letzten Kilometer vor
unserem Ziel scheinen endlos zu sein. Da,
die Einmündung der N.623 von BURGOS ,und
wenige Meter später können wir in die Abzweigung nach links (C.6318 Richtung REINO-
SA) einbiegen.
Am Nordufer des 840m hoch gelegenen EBRO-
Stausees geht es entlang. Nebelfetzen jagen
über die Heidelandschaft, zwischen Wiesen-
ufern strahlen uns goldgelbe Sandbuchten
entgegen. Welch Kontrastprogramm!
2km hinter dem Dörfchen CORCONTE, wenige
Schritte nach Beginn eines kleinen Kiefernwäldchens, führt eine wurzeldurchsetzte
Piste zu einer der Sandbuchten. Holpernd
schwankt das WOMO zwischen den niedrig
hängenden Ästen hindurch auf die Uferwiese.
Zwischen Sand und Glockenheide balanzieren
wir das Fahrzeug aus - glückliches Ende
einer langen Tagestour, die noch lange
unser Abendgespräch bei einigen Gläsern
funkelnden Riojas ist: PUENTE LA REINA,
RIOJA-Gebiet, Gebirgsaufstieg und immer
wieder EUNATE, dieser unvergeßliche Traum
eines gelungenen Bauwerkes.

Ebro-Stausee

Unser Standplatz ist nicht nur wunderschön, sondern
auch ideal für Kleinkinder, denn das Ufer ist sandig
und seicht. Außer einem spanischen Dauercamper in
seinem Steilwandzelt und zwei deutschen VW-Bussen

sowie einem herrenlosen Hund finden sich nur ein paar Tagesgäste ein. An Wochenenden müssen hier allerdings andere Verhältnisse herrschen, wie uns die übervollen Mülleimer am Waldweg kundtun. Weitere Plätzchen am Nordufer gibt es bis REINOSA nicht, die Straße am Südufer war während unseres Aufenthaltes wegen Bauarbeiten gesperrt. So warten wir gespannt auf Informationen aus unserem Leserkreis!

Seit einigen Tagen stapelt sich bereits altbackenes Brot auf dem Kühlschrank. Warum können die Spanier auch kein vernünftiges Brot backen? Am ersten Tag ist es ein knuspriger Traum, am zweiten eine zähe Masse und am dritten eventuell noch als Sandhäring zu gebrauchen.
So kreiert Brigitte in ihrer Verzweiflung:

"CABALLERO POBRE" (Armer Ritter)
(Oder: Was macht man mit dem vielen alten Weißbrot?)

Man verrührt 4-6 Eier mit 1/4 - 1/2 Liter Milch.
Für Kinder: Weißbrotscheiben damit tränken, in Fett oder Öl ausbacken, mit Marmelade oder Zucker servieren.
Für Erwachsene: Salz und Pfeffer zugeben, dann wie oben. Mit Salat, Salami, Dosenfisch o.ä. servieren.

VERSORGUNGSMÖGLICHKEITEN
Brunnen und Bar im Kiefernwäldchen, 200m entfernt.
Läden (Bar, Restaurant und Tante Emma-Laden in einem) in CORCONTE und LA POBLACION, je 2km entfernt.
(Trimm-dich-Strecke!).
Wasser 19-22 Grad, Luft je nach Witterung 15-28 Grad

TOUR 4
Puente Viesgo – Santillana del Mar – Comillas – Playa de Oyambre – Playa de Meron

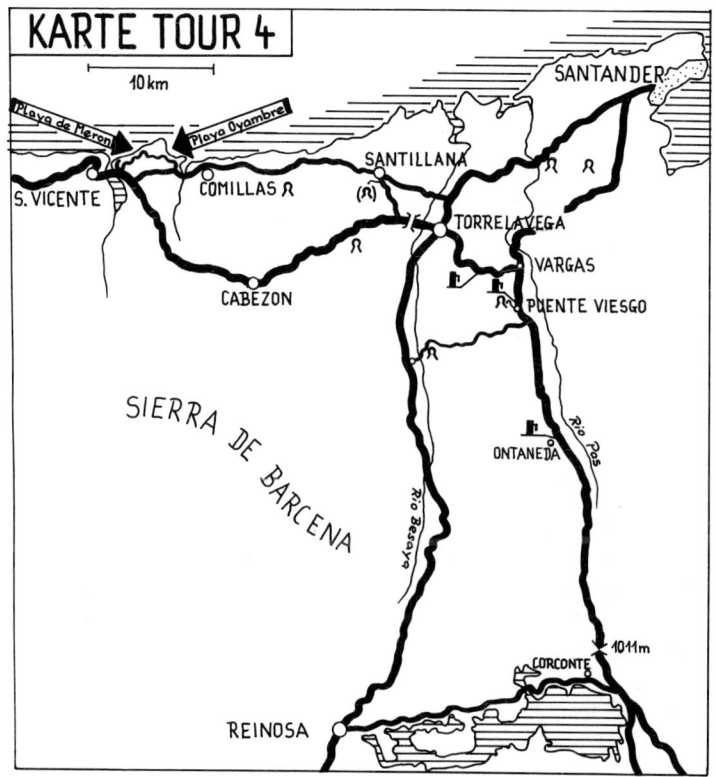

KARTE TOUR 4

10 km

Playa de Meron
Playa Oyambre
SANTANDER
S. VICENTE
COMILLAS ℞
SANTILLANA
(℞)
℞
TORRELAVEGA
VARGAS
CABEZON
PUENTE VIESGO
SIERRA DE BARCENA
Rio Pas
ONTANEDA
Rio Besaya
1011m
CORCONTE
REINOSA

Schnaufend kriecht unser WOMO die letzten 2km bis
zum PUERTO DEL ESCUDO hinauf, und hier passiert
gleichzeitig zweierlei: Der Fahrzeugbug kippt von
10% Steigung nach 12% Gefälle ab, und die Wolkendek-
ke, die uns vom EBRO-Stausee vertrieben hatte, reißt
ab, als hätte jemand einen Reißverschluß aufgezogen.
Warnende Verkehrsschilder und ein vor uns um die
Serpentinen stinkender Bus sorgen dafür, daß wir das
Abstiegspanorama genießen können. Wie auf Bildern
naiver Malerei sind kreisförmige Ackerflächen an den
flachsten Stellen der Hänge in die Wald- und Heidelandschaft gegraben.
Erwartungvoll suchen wir immer wieder den Horizont
ab - sind das Wolken, oder ist es der Atlantik?
Kaum haben wir den steilsten Teil des Abstiegs hinter uns, weist uns im Zentrum des kleinen Kurortes
PUENTE VIESGO ein Hinweisschild nach links in die
nur 1km kurze Stichstraße zu den Tropfsteinhöhlen
(Höhlenkomplex CASTILLO) mit ihren prähistorischen
Wandzeichnungen. (Öffnungszeiten: 10-13/15-19 Uhr,
montags geschlossen). Wir kommen genau richtig zu
einer der Führungen und tauchen hinein in 30.000
Jahre Menschheitsgeschichte. Wie die Ausgrabungen am

Höhleneingang zeigen, wurden die Tropfsteinhöhlen als beliebter Unterschlupf in der kalten Jahreszeit und als Zuflucht vor tierischen und menschlichen Feinden von unseren Vorfahren lange Zeit genutzt. Knochen- und Blütenpollenfunde geben reichlich Auskunft über das Klima und die Nahrungsgewohnheiten der Steinzeitmenschen.

"Habla Usted castellano?" Der höhlenkundige Führer setzt eine weltmännische Miene auf, als wir unsere Köpfe schütteln. Dann beginnt er seine ausführlichen spanischen Erläuterungen, die vielen Ah's und Oh's der Spanier machen uns ganz neidisch. Jetzt kommt ein bedeutungsschwangeres Räuspern, und dann geht es genau so spanisch weiter, oder? Erst bei angestrengtem Hinhören entdecken wir eine gewisse Ähnlichkeit mit der Sprache Shakespeares. So lernen wir am Räuspern erkennen, wann jeweils die Übersetzung für uns stattfindet, aber der Führers Mühen sind nahezu vergeblich.

Geschickt versteht er es jedoch, die Umrisse der Tierzeichnungen zu erläutern. Wir brauchen nur den Bewegungen der erklärenden Hand mit den Augen zu folgen, schon erwachen sie zum Leben, die Pferde, Bisons und Elefanten. Handumrisse, magische Zeichen oder Spielereien? Wir schwelgen in Gedanken, während wir durch die Tropfsteingänge wandern, die äußerst geschickt und im Gegensatz zu vielen anderen Höhlen auch dezent beleuchtet sind.

Wie aus einem Jahrtausende währenden Traum erwachend gelangen wir wieder ans gleißende Tageslicht und fahren weiter bis zur Straßenkreuzung in VARGAS, wo wir nach links in die N.634 Richtung TORRELAVEGA/OVIEDO abbiegen.

3km hinter TORRELAVEGA zeigt dann das Schild "SANTILLANA 4km" nach rechts. Bald ist der große Parkplatz ca.100m vor dem kopfsteingepflasterten SANTILLANA erreicht, das wohl das besterhaltene, sorgsam restaurierte mittelalterliche Städtchen Spaniens ist.

Sofort werden wir an RIQUEWIHR im Elsaß erinnert, und ähnlich wie dort drängen sich auch hier die Menschen. Rummelplatzatmosphäre!

Santillana del Mar, Kollegiatskirche

Höhepunkt des Rundganges durch die zwei Hauptstraßen mit den alten Herrenhäusern, deren offene Türen einen kurzen Einblick in die großzügigen Vorräume gestatten, ist die Kollegiatskirche des Klosters SANTA JULIANA, die ja dem Städtchen seinen Namen gegeben hat, mit dem besonders reich ausgestatteten romanischen Kreuzgang aus dem XII.Jahrh.(Öffnungszeiten: 9-13/16-20 Uhr).

Die nur 2km entfernte Höhle von ALTAMIRA, die am reichsten mit prähistorischen Tierzeichnungen ausgeschmückt wurde, ist dem "gewöhnlichen" Publikum nicht mehr zugänglich. Die Höhlenwände begannen sich, genau wie in LASCAUX, mit einem Grünalgenbelag zu überziehen, der die herrlichen Farben verdeckte. Beleuchtung, sowie Kohlendioxid und Feuchtigkeit der Atemluft reichten den bedürfnislosen Algen völlig aus, um kräftig zu wuchern. Leider zeigen auch die weniger "begehrten" Höhlen schon Ansätze dieser Veränderung. So wird es wohl auch in Spanien bald neben der echten Höhle eine Nachbildung geben müssen, deren modellierten Wänden und synthetischen Farben der Menschenbesuch nichts ausmacht.

Jetzt sind es nur noch wenige Kilometer bis zum Atlantik! Direkt am Ortseingang von SANTILLANA biegen wir links ein und gelangen auf der C.6316 nach COMILLAS. Wir wählen nicht die Küstenstraße, die den Ortskern umgeht, sondern halten direkt auf der Plaza Mayor. Hier findet sich Wichtiges in nächster Nähe: ein riesiger Brunnen, dessen Wasserströme im Nu unsere Kanister überquellen lassen, und rundherum einladende Gasthöfe, wo wir uns für die Strapazen des ersten Salzwasserbadetages wappnen können.

Zur Küstenstraße zurückgekehrt, fahren wir nur noch wenige hundert Meter nach Westen, dann überqueren wir hinter LA RAVIA das gleichnamige Flüßchen und schwenken nach rechts zum "PLAYA DE OYAMBRE" ein. (Auf der Firestone-Karte T-21 "PLAYA DE JERRA").

Der riesige, feinsandige Strand verschlägt uns fast den Atem - nicht nur wegen seiner Schönheit und der tosenden Gewalt sich überschlagender Atlantikbrecher - sondern auch wegen der Zahl der Badegäste. Der weitläufige Parkplatz direkt am Strand ist fast gefüllt. Wesentlich geringer ist jedoch der Andrang im rasenbewachsenen Dünengelände rechts daneben. Wir zögern nicht lange und biegen im Scheitelpunkt der letzten Linkskurve vor dem Parkplatz nach rechts in einen Wiesenweg ein, der auf den linken Rand eines kleinen Eukalyptuswäldchens zuhält. (Vorsicht! Schräglage!)

Am ersten Strauch, einer Tamariske, deren zarte Ästchen im Winde zu schweben scheinen, schwenken wir nach links empor und haben am Dünenrand einen Platz im I.Rang, von dem aus wir fröhlich zum Strand hinabkugeln können.

Am Abend, als die Besucherströme zu den Pensionen und Campingplätzen zurückgeflutet sind, wird es um uns herum fast einsam; ein einziges Zelt schmiegt sich nur nebenan in eine Bodenfalte. (Luft 28 Grad, Wasser 22 Grad).

Über Nacht hat ein totaler Witterungsumschwung eingesetzt. Eine steife Brise rüttelt am WOMO, braune Regenwolken hetzen aus Nordwest heran und beginnen ihre Entladetätigkeit direkt über uns, weil die

Playa de Oyambre

vordersten sich am Wall der Picos südlich von uns stauen.

Jetzt ist Anorak- und Gummistiefelzeit!

Wir erkunden die Umgebung: das kleine Eukalyptus-wäldchen hinter den Dünenwellen und den Mündungs-trichter des RIO RAVIA östlich davon, in dem man - zumindest bei Flut- ohne Brandungswellen baden und surfen kann. Hat die Ebbe den Trichter leergesaugt, gehen Menschen und Möven gemeinsam auf Jagd nach den zurückgebliebenen "Bodenschätzen": Muscheln, die Schalen mit den Gehäusen der Röhrenwürmer oder der Seepocken bedeckt; Tange riesigen Ausmaßes, vom Wellenschlag losgerissen und zerschlissen, bieten Unterschlupf für kleine Seesterne und Krebse, bis der zurückkehrende Flutstrom sie wieder umfängt.

Die Stichstraße zur PLAYA DE OYAMBRE setzt sich, (entgegen den Angaben der Firestone-Karte T-21), nach Nordwesten fort. An einem Campingplatz vorbei gelangt man über einen Hügel zunächst zu einem klei-nen, einsamen Strand, wo auf einem Wiesenfleckchen vielleicht vier oder fünf Fahrzeuge Platz finden würden. Dann geht es wieder empor, durch ein Euka-lyptuswäldchen, an dessen Ende man wieder Meeres-niveau erreicht hat. Hier kann man rechts (schwung-voll!) in einen recht sandigen Parkplatz einbiegen, die Abfahrt von der Teerstraße ist nichts für tief-liegende Gas- oder Wassertanks. Gegenüber der Straße hat sich eine Imbißbude etabliert, das umliegende Wiesengelände darf offensichtlich von Gästen kosten-los als Campingareal genutzt werden.

Noch 1km weiter westlich, wo das Küstensträßchen auf die N.634 nach SAN VICENTE einmündet, biegen wir direkt vor der Einmündung nach rechts zur PLAYA DE MERON ab. Auch hier kommen wir an einem Campingplatz vorbei, aber der schönste Teil des kilometerbreiten Sandstrandes "gehört" einigen wenigen Wohnmobilen, die in dem davorliegenden Wiesengelände "vor Anker liegen".

Die RIA DE SAN VICENTE ist riesig im Vergleich zu der von LA RAVIA. Auch hier ist der Mündungstrichter zwischen dem Leuchtturm an der PUNTA SILLAS und der Straßenbrücke nach SAN VICENTE ein einfacheres Surf-revier als der freie Atlantik, wo sogar manch erfah-rener Balancekünstler beim Beachstart für die Erhei-terung der anderen Badegäste sorgt.

Playa de Meron

Gegen Abend, der Strand ist noch immer nahezu menschenleer, lockert die Bewölkung wieder etwas auf,
und ein blutroter Sonnenuntergang hinter dem Leuchtturm an der PUNTA SILLAS entfacht eine hitzige Dis-
kussion darüber, was das in Spanien für den nächsten
Tag bedeuten könnte.
Die Optimisten bekommen recht, und im Laufe des
nächsten Tages bevölkert sich der Strand unter
strahlend blauem Himmel bedenklich. Wer es einsamer
möchte, braucht jedoch nur nach rechts in etwas
abseits gelegene Strandpartien auszuweichen. Hier
genießt er jedoch nicht die aufmerksame Bewachung
durch Rettungsschwimmer des Spanischen Roten Kreuzes
und die sorgfältige Arbeit mehrerer Strandpfleger,
die nahezu pausenlos für einen blitzsauberen Sand
und leere Mülleimer sorgen.

VERSORGUNGSMÖGLICHKEITEN
Lebensmittel, Gaststätten (ausgezeichnete Fisch- und
sonstige Meerestiergerichte) in SAN VICENTE.
Telefon (auch international) direkt rechts an der
PLAYA DE MERON.
Daneben, zwei Meter über dem grünen Gerätehäuschen
der Strandsäuberer, im Rasen eine Wasserleitung,
deren Hahn sich am besten mit einer Kombizange be-
dienen läßt.
Zwei Getränkebuden im Wiesengelände.
Luft 24 Grad, Wasser 19 Grad.

TOUR 5
San Vicente de la Barquera – Unquera – Fuente Dé

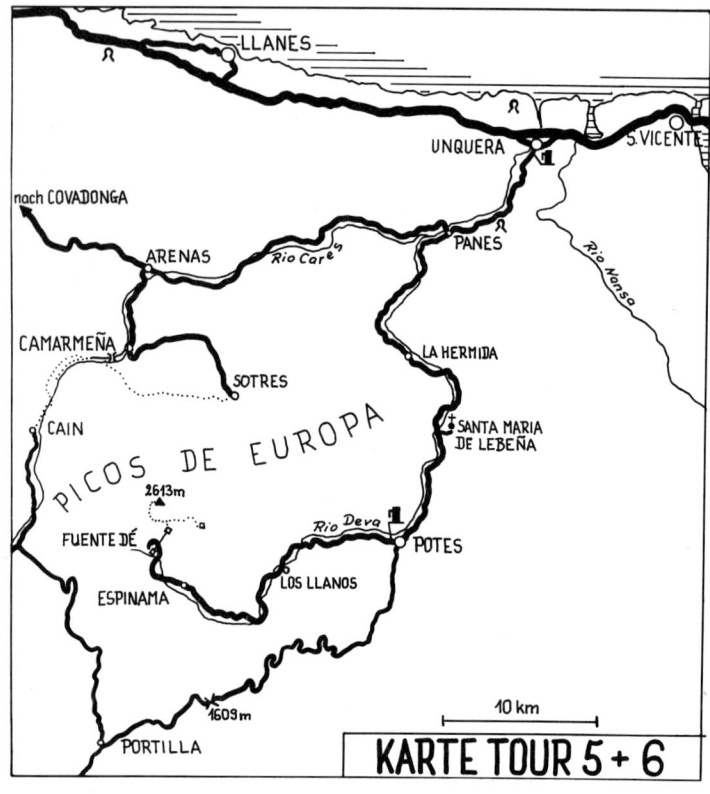

KARTE TOUR 5 + 6

Erst wenn man am Ortsende von SAN VICENTE den RIO BARQUERA überquert hat, kann man sich von der uneinnehmbaren Lage der Stadtburg überzeugen. Trutzig beherrscht sie das Ende eines Bergrückens; eine intakte Stadtmauer schließt sich an, die gotische Wehrkirche SANTA MARIA DE LOS ANGELES aus dem XIII. Jahrh. mit einschließend.

Jetzt verlieren wir wieder den Meeresstrand aus den Augen, erst die Trichtermündung des RIO NANSA bietet wieder Meerblick. Kurz darauf ist schon UNQUERA erreicht, wo wir die N.634 verlassen und scharf nach Süden auf die Berge zuhalten (N.621 Richtung POTES). Unmittelbar hinter dem Ortsausgang links kommen wir noch an einem Brunnen vorbei, dann beginnt die Straße sofort ihr Anstiegswerk. Zunächst sind es saftige Wiesen und Felder, die unseren Weg begleiten, die Vegetation mit Ahorn, Nußbaum, Esche und Edelkastanie erinnert an das südliche Rheintal. Wie üblich, haben die Straßenbauer das Werk der Natur lediglich für ihre Zwecke fortgesetzt und die Straße neben den Lauf des RIO DEVA gelegt. So folgen wir ihm flußauf, mal rechts, dann wieder auf der anderen Seite, wo er eben am meisten von den Felsen abgenagt hat.

Hinter PANES (nicht nach rechts Richtung COVADONGA abzweigen!) wird's immer enger. Jetzt sind weite Passagen der Strecke in den Fels hineingesprengt, der DESFILADERO DE LA HERMIDA umfängt uns mit seinen Steilwänden. Manche Abschnitte sind so eng, daß nicht einmal mittags das Sonnenlicht bis zur Sohle der Schlucht hinabreicht. Nicht ganz wohl ist uns in unserer Haut, wenn unsere Blicke die Steilhänge emporklettern, an überstehenden Felsen hängenbleiben.

Was erst müssen die maurischen Soldaten empfunden haben, aus dem sonnigen Cordoba als Strafexpedition gegen aufrührerische Christen in diese düsteren Gebirgstäler entsandt?

Man schrieb das Jahr 722. Oben, in den Wänden, hockten die Männer Pelayos, eines westgotischen Fürsten, der sich dem maurischen Machtanspruch nicht unterwerfen wollte. Donnernd polterten die losgehebelten Felsen hinab, kreischend vor Angst entflohen die Überlebenden der Hölle. Nie wieder wagte sich ein Trupp in diese Gegend; die Keimzelle der RECONQUISTA, der Rückeroberung Spaniens für den christlichen Glauben, war entstanden.

8km hinter der Hermida weist uns ein Hinweisschild zu dem Bergdörfchen LEBENA und kurz vor ihm zum westgotischen Kirchlein SANTA MARIA DE LEBENA, das man auf keinen Fall auslassen darf!

Hier, in der Einsamkeit und Geborgenheit des Gebirges, ist eines der eindrucksvollsten Zeugnisse präromanischer Baukunst erhalten geblieben.

Das aus dem Jahre 930 stammende Kleinod besticht durch seine geschlossene Form in Gestalt eines griechischen Kreuzes, und an ein nordgriechisches Meteorakirchlein erinnert es auch am ehesten. Die Säulen, die im Geviert den Tragpfeilern vorgesetzt sind, besitzen mit stilisierten Eulen verzierte Kapitelle. Darüber erheben sich die typischen Dreiviertelkreis- oder Hufeisenbögen, die uns so sehr an arabische Baukunst erinnern, obwohl ihre Herkunft keineswegs geklärt ist.

Kirche Santa Maria de Lebena

Auffallend auch der wohl noch aus heidnischer Zeit stammende Altarstein mit der flammenden Sonnenscheibe, die später als Christussymbol umgedeutet wurde. (Vgl. das Tympanon des Westportals der Kathedrale von JACA!).
Hufeisenbögen zieren auch Tür und Glockenstuhl des freistehenden, quadratischen "Campanile".
Sonnensymbole auch an den Konsolen des Dachstuhles, z.T. sorgfältig restauriert, so wie man allenthalben das Bemühen staatlicher Stellen beobachten kann, wertvolle Bauwerke zu erhalten.
Weiter geht es entlang des RIO DEVA, mit dem wir in POTES nach rechts Richtung ESPINAMA/FUENTE DE abbiegen. Hinter POTES rechts, etwas unterhalb der Straße, ein Brunnen.
Schon seit einiger Zeit halten wir Ausschau nach einem schönen, schattigen Picknickplätzchen. Die wenigen ebenen Wiesen, die zwischen Fels und Fluß liegen, sind jedoch von ihren Besitzern (nicht ganz ohne Grund) verbarrikadiert. Zu stark ist der Ansturm vor allem einheimischer Touristen in dieses landschaftlich einmalige, geschichtsträchtige Gebiet.
Der einzige schöne Platz, der sich auch zum Übernachten eignet, liegt hinter LOS LLANOS rechts unter hohen Bäumen, direkt am Fluß. Von hier aus sind es noch ca. 14km bis Fuente De, wo die Straße in einem gigantischen Gebirgskessel endet.
Dort sollte man nicht vor 21 Uhr eintreffen, sonst wird man von den Besucherhorden überrollt, die alle darauf warten, sich mit dem "Teleferico", einer freischwebenden Seilbahn, über 600m in die Höhe liften zu lassen.
Wir empfehlen, entweder morgens gegen 9 Uhr einzutreffen, wenn die Seilbahn ihren Betrieb aufnimmt, und sofort aufzufahren oder abends nach 21 Uhr. Dann wird es auch in FUENTE DE einsam, man findet auf dem Wiesenweg hinter dem Parador rechts einen ruhigen Übernachtungsplatz und kann am nächsten Morgen unter den ersten sein.

Viertel vor 9 Uhr stehen wir mit einem kleinen Grüppchen spanischer Bergsteiger am Billethäuschen. Fachleute sind um diese Zeit unter sich. Urlauber sind keine Frühaufsteher. Bergschuhe und Rucksäcke bestimmen das Bild, niemand, der mit Turnschuhen oder ähnlichem losziehen würde. Lobende Blicke streifen die Ausrüstung unserer Kinder.
Wenige Minuten später schießt die erste Kabine mit uns in die Höhe, in vier Minuten gewinnen wir mühelos fast 700 Höhenmeter. Schnell haben wir ausgerechnet, daß uns jetzt noch knappe 1000 Meter Höhenunterschied vom Gipfel der Pena Vieja, einer der höchsten Erhebungen des Zentralmassivs der PICOS DE EUROPA trennen. Das muß doch ein Spazierweg sein!
Zunächst geht es auf ebenem Jeepweg, auf dem sich die Bequemsten der Bequemen von der Seilbahn bis zum REFUGIO DE ALIVA, einem Berghotel fahren lassen können, in einer Viertelstunde bis zur HORCADINA DE COBARROBRES. Hier gabelt sich der Weg. Die Besteigung der PENA VIEJA über die Osthänge können wir jedoch keinesfalls empfehlen. Erst muß man bis zur FUENTE DE RESALAO auf dem viel begangenen und vor allem jeepbefahrenen, staubigen Weg weit wieder

absteigen. Dann geht es zwar sehr schön links durch Krokuswiesen, die einem Golfclub alle Ehre machen würden, oberhalb eines luxuriösen Ferienhauses eben weiter, aber oberhalb der MINAS DE LA PROVIDENCIA gelangt man an ein sehr steiles Schotterfeld. Hat man das überwunden, sieht man glatte Felsnasen vor sich, die lediglich mittels ein paar verrosteter, verbogener Stahlstifte zu erklimmen sind, ohne Seilschaft fast Wahnwitz!

Wir wenden uns also an der HORCADINA nach links, der Weg ist eben und bequem, und gelangen nach weiteren 20 Minuten an den zerfurchten Fels LA VUELTONA, zu dessen Füßen wir ein erstes Schneefeld bestaunen können. Schneeballschlacht im August, wer hätte das gedacht!

Hier gabelt sich der Weg, und die Bequemlichkeit hat ein Ende. Um es gleich vorweg zu sagen: Bis zum Gipfel der PENA VIEJA sind es noch stramme 1 1/2 Stunden über mehr oder minder mühsame Geröllpfade, kein Spaß für Sandalenfüßler. Wer nicht entsprechend ausgerüstet ist, sollte jetzt einen Kreis nach links schlagen und über die FUENTE ESCONDIDA wieder zur Seilbahn zurückkehren.

Wir halten uns rechts! Die Landschaft ist auf Unbelebtes reduziert: Steine, Wind, Sonne. Über eine endlose Schotterhalde, dann weiter in steilen Serpentinen gelangen wir nach 40 Minuten an eine weitere Weggabelung. Links glänzt uns aus einem Geröllfeld wie ein silbernes Raumschiff die CABANA VERONICA entgegen, die am Weg zu den HORCADOS ROJOS Unterschlupf in Notfällen bietet. Außerdem finden wir auf einem Felsklotz in orangener Schrift den Hinweis "PENA VIEJA" und steigen weiter nach rechts. Jetzt wird's erst richtig steil! Die ersten Steine machen sich unter den rutschenden Sohlen selbständig. Abstand halten!

Nach weiteren 15 Minuten ist der COLLADO DE CANALONA erreicht, heulend zischt uns ein eiskalter Begrüßungswind um die Ohren, als wir den Kopf zwischen den Zacken der Felsen hervorstrecken. Wir beeilen

Pena Vieja, Nordhang

uns, um die Felsen herum in den Windschatten zu
gelangen - und haben endlich unser Ziel vor Augen!
Hinter einer flachen Mulde erhebt sich, steil und
glatt wie die Wand eines überdimensionalen Zeltes,
der Gipfelhang.
Noch eine gute halbe Stunde - erst wieder eben,
darauf fast unverschämt steil und rutschig. Aber
dann, ja dann sind alle Mühen vergessen! Der Gipfelrundblick ist unbeschreiblich schön. Wie vom Mast
eines Schiffes schaut man die Kämme und Täler,
Schneefelder, Schaumkronen gleich.

Pena Vieja, Gipfelrundblick

Aber kaum hat sich die erste Begeisterung gelegt,
schweifen die Gedanken schon weiter.
Der Rückweg ist auch nicht ohne! Zunächst ist er
mehr ein Abrutschen als ein Abstieg. Man hält besser
respektvollen Abstand zu anderen Gipfelstürmern,
schnell kann sich eine kleine Steinlawine in Bewegung setzen. Nach zwei Stunden Rückmarsch wartet an
der Bergstation noch eine böse Überraschung in Form
einer langen Schlange. Aber der Rückblick auf die
Ereignisse des Tages beschäftigt uns noch so sehr,
daß die zwei Stunden Wartezeit erträglich sind, bis
die Gondel mit uns in die Tiefe hinabschwebt, unserem WOMO entgegen.
Dort herrscht Hochbetrieb, alle Parkplätze sind
besetzt, und wir machen einem HEKU-Fahrer eine große
Freude, indem wir uns sofort auf den Weg machen zu
unserem nächsten Ziel, der GARGANTA DEL CARES.

TOUR 6
Potes – Desfiladero del Cares – Puente Poncebos
(Karte s. Tour 5)

Zunächst rollen wir über ESPINAMA und POTES, wo wir
vor dem Ortseingang links Wasser fassen, zum DESFI-
LADERO DE LA HERMIDA zurück. In PANES verlassen wir
die N.621 nach links Richtung COVADONGA. Aber wir
tauschen nur das Flüßchen aus, das sich seinen Weg
durchs Gestein gefressen hat. Der DESFILADERO DEL
CARAS steht der HERMIDA in nichts nach. Nur unsere
Augen sind schon etwas verwöhnt, nehmen als Selbst-
verständlichkeit hin, was vorher gigantisch war. In
ARENAS DE CABRALES schwenkt der Fluß nach Süden ab,
wir folgen ihm auf schmalem Sträßchen, die Straße
nach COVADONGA verlassend. Nach 6km kommen wir an
dem Dörfchen PUENTE PONCEBOS und dem Elektrizitätswerk von CAMARMENA an. Wir bleiben links des Flusses, durchfahren einen kleinen Tunnel. Hinter ihm
folgen wir jedoch nicht der Teerstraße links nach
SOTRES, sondern gelangen geradeaus auf einen Schotterweg. Ihm folgen wir, an einer Gaststätte vorbei,
bergauf. Ein Tunnel ist durch den Fels gebrochen.
Keine Angst, hier paßt sogar ein LKW durch. Hinter
dem Tunnel ist der steinige Weg noch einige hundert
Meter für WOMOs befahrbar, bis er schließlich in
einen bequemen Fußweg übergeht. Im letzten Stück
finden sich die schönsten und ebensten Übernach-
tungsplätze. Allerdings muß man mit 8-9 Meter Wende-
breite auskommen, sonst heißt es: Die ganze Straße
rückwärts zurück!
Während des Abendessens haben wir einen Logenblick
in die Klamm hinein, aus der der RIO CARES heraus-
schäumt, und die wir morgen erwandern wollen. Manches Zelt leuchtet aus der Tiefe herauf, die idyl-
lischsten Plätze sind direkt am Wasser.

Gestern hatten wir eine anstrengende Bergtour, also
soll es heute nur leichte Kost geben! In Turnschuhen
spazieren wir den bequemen Weg oberhalb des Fluß-
laufes entlang.
Schon hundert Meter hinter dem Tunnel ärgern sich
unsere Kinder zum ersten Mal, als wir den Wanderweg
Richtung BULNES nach links in einer Seitenschlucht
verschwinden sehen. "Der wäre nicht so langweilig
wie dieser Oma-Weg!"maulen sie. Dreihundert Meter
hinter dem Tunnel ignorieren wir großzügig ein Hinweisschild, das in einen jämmerlich schmalen, steilen Seitenweg hineinzeigt:"DESFILADERO * DEL CARES *
CAIN". Das kann ja nur ein Umweg für Gebirgsziegen
sein! Unsere Kinder maulen zum zweiten Mal.
Aber dann genießen wir doch den bequemen Weg, der
sich immer oberhalb des sprudelnden Flüßchens an der
Wand entlang zieht, oft mühsam herausgesprengt aus
dem harten Gestein. Hinter jeder Biegung, jedem
Felsen, den der Weg umrundet, tun sich neue Blick-
winkel auf, die Natur kennt keine Wiederholung.

Nach einer Stunde gemütlichen Entlangschlenderns,
gerade wurde energisch der Wunsch: "Dann wollen wir
wenigstens am Wasser spielen! "vorgetragen, hört
plötzlich der Weg auf! Wir sind so verdutzt, daß wir
erst minutenlang nach der Fortsetzung suchen, bis

wir das Endgültige begreifen: Man hat sich die große
Mühe gegeben - um dann einfach aufzuhören! Nur ein
Lehmpfad windet sich noch zum Ufer hinab, kaum be-
gehbar für gesittete Spaziergänger. Aber dann findet
der Spaziergang wenigstens einen vernünftigen Abschluß, beschließen wir und turnen zum Wasser hinab.
Hier geht jeder seiner Lieblingsbeschäftigung nach:
Die Kinder lassen sich auch nicht von 10 Grad Wassertemperatur schrecken, Brigitte nimmt ein Sonnen-
bad, und ich grüble über das Unsinnige dieses Weges
nach. "Da muß es doch eine Fortsetzung geben!" Wie
von selbst setzen sich meine Füße flußaufwärts in
Bewegung, klettern über einen Schotterhang. Mühsam
zwänge ich mich durch verfilztes, stachliges Ge-
strüpp, ziehe mich an einer Mauer hoch und stehe
plötzlich wieder auf einem Spazierweg, der jedem
Kurbad zur Ehre gereichen würde! Jetzt begreife ich
langsam, warum hinter dem Tunnel das Schild nach
oben zeigte. Zwei Wege führen Richtung CAIN am oberen Ende der CARES-Schlucht. Der untere ist zunächst
bequem, endet dann aber abrupt, und man gelangt nur
unter Mühen nach oben. Auf dem oberen Weg überklet-
tert man mühselig eine riesige Felsnase, befindet
sich aber dann plötzlich auf dem bequemen Spazierweg
ohne gefährliche Turnerei. Auf jeden Fall ist der
Spazierweg in der CARES-Schlucht, der sonst die
Traumnote 1 verdient hätte, eine Eulenspiegelei
sondersgleichen. Seinen Sinn kann man nur in techni-
schen Gründen suchen, denn angelegt wurde der Weg
nicht für Spaziergänger, sondern als Bau- und Kon-
trollstrecke für den "Canal de la Electra del Viesgo".

Schließlich bezieht das Elektrizitätswerk von CAMAR-
MENA seine Energie von einem Teil des CARES-Wassers,
das von CAIN bis PONCEBOS am Hang der CARES-Schlucht
entlang in einer Betonrinne bzw. in Rohren verläuft,
um dann beim Elektrizitätswerk, in die Tiefe stür-
zend, Turbinen anzutreiben.
Wie eine Gemse rutsche ich inmitten einer Steinlawine an anderer Stelle zum Flüßchen zurück, der
Andeutung eines Serpentinenpfades folgend. Sofort
werde ich neugierig ausgefragt. Die Kombination aus
mühsamer Kletterei und geheimnisvollem Wasserlauf,
der hin und wieder im Felsen verschwindet, übt einen
unwiderstehlichen Zwang auf meine Familie aus, und
zum zweiten Male zwänge ich mich durchs Unterholz
den Hang empor, diesmal den Führer spielend. Gegen-
seitig ziehen wir uns die Mauer hoch und genießen
den Panoramablick tief hinein in die Klamm.
Zunächst sind wir die einzigen, die den Windungen
des Weges flußaufwärts folgen, immer rechts die
steile Wand und links den Abgrund; ungesichert! Wie
von selbst halten wir uns stets am rechten Wegrand,
einem natürlichen Sicherheitsbedürfnis folgend. Erst
nach einer guten Stunde Marschzeit, wir nähern uns
CAIN, belebt sich die Wanderroute. Unsere Kinder
machen sich einen Spaß daraus, die Regeln des spanischen Begrüßungsrituals zu ergründen:'Buenos
dias', 'buenos tardes', 'hola'. Unermüdlich wechseln sie
die Floskeln und stellen nach einiger Zeit fest:
'Hola' hat mit 60% Anteil gewonnen.
Jetzt wird die Klamm noch schmaler, man glaubt fast,
die gegenüberliegende Wand greifen zu können. Immer

häufiger sind Fußgängergalerien in die Wand hineingesprengt, mußten besonders weit vorspringende Felsen durchtunnelt werden. Schließlich wechselt der
Weg noch viermal auf schmalen Metallgitterbrücken
die Flußseite, dann breitet sich vor uns im strahlenden Sonnenlicht das malerische Gebirgstal von
CAIN aus.
Dort, wo wir die Klamm verlassen, wird mit einer Art
Stauwehr ein Teil des Wassers in den Elektrizitäts-
kanal abgeleitet. Dahinter breiten sich schöne Lie-
ge- und Zeltwiesen aus, wo eine ganze Reihe von
Urlaubern den Blick auf die 2596m hohe PENA SANTA
und die sie umrahmenden Gipfel der PICOS genießen.
In einem etwas schmuddeligen Gasthof machen wir
Rast. Ein spanischer Student an unserem Tisch, des-
sen Bergsteigerausrüstung mit Vorräten für mehrere
Tage bepackt ist, gibt uns bereitwillig Auskunft.
Ja, CAIN könne man auch von Süden mit dem Auto
anfahren, das Sträßchen sei aber nur etwas für Fahrer mit starken Nerven. Er selbst komme aus CANGAS
DE ONIS und seine diesjährige Semesterferientour
führe ihn über COVADONGA, LAGO ENOL, PENA SANTA,
CAIN, PENA VIEJA nach FUENTE DE, von wo aus er dann
wieder mit dem Bus nach Hause fahren werde. Die
Augen unserer Kinder bekommen bei der Erzählung
dieses verdächtige Glitzern, das anschließend meist
seltsame Wünsche zur Folge hat. Und schon geht es
los: "Das müßten wir auch mal machen! Das wäre mal
eine richtige Tour! Können wir uns nicht wenigstens
die tollen Seen, den LAGO ENOL und den LAGO DE LA
ERCINA, ansehen?"
Auf dem Rückmarsch geht uns jedenfalls nicht der
Gesprächsstoff aus. Unmerklich steigern wir unser
Tempo, überholen einen Wanderer nach dem anderen.
Da, unser Wasserrastplatz weit unten! Kurz darauf
endet der breite Weg, geht in einen zerfurchten,
steinigen Maultierpfad über, der sich sofort bergan
schwingt. Weit bleibt die Sohle der Klamm unter uns
zurück, das Rauschen des Flüßchens verklingt. Dann,
nach 15 Minuten, ein zerfallenes Haus, und wieder
geht es hinab, unserem Parkplatz entgegen.
Genau 2 1/2 Stunden sind seit unserem Aufbruch in
CAIN vergangen, für einen gemütlichen Marsch muß man
also etwa drei Stunden pro Strecke ansetzen.
Wasser 10 Grad, Luft 25 Grad.

TOUR 7
Arenas de Cabrales – Covadonga – Lago de la Ercina

"Wohin fahren wir eigentlich jetzt?" kommt mehr
zufällig die Frage aus dem Hintergrund, während
unser WOMO neben dem Lauf des CARES Richtung ARENAS
zurückrollt. "Natürlich zu den Gebirgsseen!" antworte
te ich gelassen und greife gleichzeitig das Lenkrad
etwas fester, denn der Begeisterungssturm läßt das
Fahrzeug wie in der Brandung schwanken. In ARENAS
biegen wir nach links wieder in die C.6312 ein und
gelangen in gemütlicher Zottelfahrt über AVIN, ONIS
und CORAO, wo jeweils Trinkwasserbrunnen am Straßen-

Horreo

rand plätschern, zu einer Straßengabelung, wo wir uns links Richtung COVADONGA/LOS LAGOS halten.
"Da, habt ihr nicht gesehen?" Während alles zu den Fenstern stürzt, bringe ich das WOMO vor dem nächsten "Stelzenhaus" zum Stehen. Wir machen Bekanntschaft mit dem ersten "horreo", dem typischen asturischen Getreidespeicher, der sich hier neben jedem Bauernhaus findet. Auf stämmigen Steinsäulen ist ein solides Holzhäuschen errichtet; jedes trägt die persönliche Note seines Besitzers, keines gleicht ganz einem anderen. Mal ist es von einem geschnitzten Holzgeländer umgeben, mal zieren es Blumenkästen.
Stets aber befinden sich zwischen Säulenende und Boden des Speichers flache, meist kreisrunde Steinplatten, die zuverlässig das Einwandern hungriger Nager verhindern.
COVADONGA, das ORLEANS Spaniens, kommt in Sicht. Tausende drängen sich auch jetzt noch, am Abend, vor der Treppe zur "cueva santa", der letzten Ruhestätte Pelayos, des Maurenbezwingers.
"Das schauen wir uns auf dem Rückweg an, morgens, wenn die Spanier noch schlafen!" beschließen wir schnell, während die Straße steil nach oben knickt.
In endlosen Kehren und Serpentinen, die oft nur im ersten Gang genommen werden können, gewinnen wir langsam Höhe. Die Straße ist gepflegt, aber z.T. sehr schmal, Leitplanken fehlen auch an gähnenden Abgründen oder sind symbolisch durch völlig sinnlose Randsteine ersetzt. Zwei Autowracks in der Tiefe und die riskante Fahrweise mancher Spanier lassen uns noch vorsichtiger werden. Kurz vor dem Aussichtspunkt "MIRADOR DE LA REINA" überwinden wir das steilste Stück mit ca. 17%.
Schließlich ist der erste der beiden Hochgebirgsseen, der LAGO ENOL, erreicht. Wie ein blauschwarz schimmerndes Kleinod liegt er in sattgrüner Weidelandschaft, umrahmt von den gewaltigen Felstürmen des "MACIZO DEL CORNION".
Am Beginn des Sees zweigt nach rechts eine Schotterstraße zu einem freien Zeltplatz mit Gaststätte ab. Leider ist er sehr voll, und die Schräglage des Geländes sieht nach anstrengenden Schanzarbeiten aus, um das WOMO wenigstens in einigermaßen ebene "Schlaflage" zu bringen.
So fahren wir die paar hundert Meter weiter zum LAGO DE LA ERCINA, wo wir uns auf einem ebenfalls freien Zeltplatz, jedoch nur halb gefüllt und topfeben, breitmachen können.

Was ist eigentlich ein "Freier Zeltplatz"? Er besteht aus einem Wiesengrundstück, an dessen Anfang ein Schild mit einem Zeltsymbol angebracht ist, einigen Mülleimern und einem Trinkwasserbrunnen. Das ist alles! Offensichtlich will man erreichen, daß die Touristen sich nicht über das ganze Gelände verstreuen, das Weidevieh stören und überall ihren Abfall hinterlassen. Leider haben wir solch durchaus löbliche Einrichtungen sonst nirgens in Spanien entdeckt.
Genüßlich lassen wir vom bequemen Campingsessel aus unsere Blicke kreisen. Der spanische Student in CAIN hatte nicht zu viel versprochen! Die Landschaft verdient drei Sterne im inoffiziellen WOMO-

Landschaftsführer. Auch der Zeltplatz hat seine
Vorzüge. Unsere Kinder jedenfalls haben bereits
internationalen Anschluß gefunden und toben mit
Mario und Isabell über die Viehweide zum Seeufer.
Am nächsten Morgen ist wieder strahlender Sonnenschein, kein Wölkchen steht am tiefblauen Himmel. Da
können wir doch nicht den ganzen Tag faulenzen!
Grübelnd studiere ich die Wanderkarte "Picos de
Europa I". 4km südlich unseres Sees befindet sich
eine Schutzhütte, der "Refugio de Vega Redonda",
aber es führt nur vom LAGO ENOL aus ein Wanderweg
hin und auf der Teerstraße entlanglatschen - das
kann ich meinen Kindern nicht antun.

"Was haltet ihr von einer Kompaßwanderung, querfeldein?" Wie hingezaubert
steht nach kürzester Zeit die ganze
Mannschaft vor dem WOMO, an den Füßen
die schweren Bergschuhe, Anorak und
Vesper in den Rucksäcken.(Man kann ja
nie wissen...!)
Zunächst geht es am Westufer des Sees
bis zur Südspitze. Dort steigen wir,
an einem Schafstall vorbei, nach Südwesten hoch und wieder hinab in die
kreisrunde, sumpfiggrüne Senke "LAS
REBLAGAS".
Die Weiden sind golfrasenkurz abgewei-
det, nur Büschel von Eisenhutstauden
ragen hoch empor, ihre violetten Blü-
tentrauben leuchten uns schon von
weitem entgegen und laufen den längst
vertrauten Stachelginster-, Heide- und
Krokusblüten völlig den Rang ab.
Wir durchqueren die Senke nach Südwesten, suchen uns den bequemsten Einstieg in die
Hügellandschaft aus und schwenken nach 500 Metern
genau nach Süden ab.
Jetzt wird der Kompaß gebraucht! Einen Punkt im
Gelände genau im Süden anvisieren, hinmarschieren,
neuen Punkt anvisieren, hinmarschieren. Es macht
einen Heidenspaß! Rechterhand grüßt der 1379m hohe
Gipfel des EL DIADIELLU. Als wir ihn genau im Westen
haben, schwenken wir nach Südsüdwest ab, (also
Marschzahl 36 bzw. 202 Grad), und steigen zum RIO
REDEMUNA ab, einem kleinen, munter plätschernden

Blick auf den Lago Enol

46

Bächlein, dessen Naß manchmal zwischen den gras- und krautbewachsenen Felsen in seinem Bett verschwindet. Ständig haben wir bisher auf unserer Wanderung Pfade benutzt, Spuren von Tier oder Mensch, die so verschwanden, wie sie plötzlich erschienen waren; von den in der Wanderkarte eingezeichneten Wegen findet sich keine Spur.
Jetzt gilt es, den Ausläufer des 1437m hohen "PORRU-PIE-DE-PALU" zu überklettern. Nur nicht von der Marschzahl 36 abweichen, gerade weil das Gelände im oberen Teil in eine Felsenlandschaft übergeht, in derem bizarren Durcheinander aus ausgewaschenem Karstgestein und knorrigen Krüppelgehölz, zwischen dem immer wieder saftige Wiesenstücke eingeschlossen sind, man besonders leicht die Orientierung verlieren kann.(JOU LOS BECERROS).
Ich hatte die Kompaßwanderung so angelegt, daß wir auf jeden Fall auf den von dem Studenten als "stark begangen" bezeichneten Weg vom LAGO ENOL zur VEGA REDONDA stoßen mußten. Trotzdem fällt mir ein Stein vom Herzen, als wir plötzlich auf ihm stehen. Schließlich waren wir bisher keinem einzigen Menschen begegnet!

Refugio Vega Redonda

Ein liebevoll gemauertes Brünnlein lädt uns zur Verschnaufpause ein, bevor wir nach links auf dem ausgetretenen Lehmpfad unseren Weg fortsetzen. Noch ein letzter Kamm ist zu überqueren, dann erblicken wir schon von weitem die eigentümliche Nur-Dach-Konstruktion der Schutzhütte. Endspurt - und es gibt Vesper und Quellwasser vom Brunnen neben der Hütte (die im übrigen von einigen "Bergfreunden" als kostenlose Pension mißbraucht wird). Während ich ein Photo von der 1560m hoch gelegenen Schutzhütte schieße, beobachten wir ein Phänomen, das geradezu ein Gruseln aufkommen läßt: Dichtester Nebel quillt plötzlich über den Kamm, den wir eben noch im strahlendsten Sonnenschein überquert hatten, verdeckt alles hinter sich, erreicht in Minutenschnelle die Hütte, verkürzt die Sicht auf 5-10 Meter.

Schnell in die Anoraks, denn die wohlige Temperatur
lebt in dieser Höhe nur von der Sonnenstrahlung –
und auf zum Rückmarsch.
Nur gut, daß es ausgelatschte Wege gibt! Zusätzlich
haben besorgte Mitmenschen die Strecke durch hoch-
kant eingegrabene Felsbrocken markiert, die alle 3-5
Meter wie warnende Finger emporragen – auf dem Hinweg hatten wir sie gar nicht beachtet – jetzt sind
sie an den Stellen, wo dichter Rasen keine Spuren
hinterläßt, die einzige Hilfe.
Wir trotten vorsichtig durch den grauen Schleier. Um
uns herum nur Kuhglockengebimmel, mal schemenhaft
eine Gestalt – Baum oder Felsen? Ruinen am Wegrand,
ein Steilhang, ungesichert! Eisern auf dem Weg bleiben, auch wenn uns Ortskundige überholen, die immer
wieder eine der vielen Abkürzungen nehmen.
Die Zeit dehnt sich endlos; nimmt denn der Rückweg
kein Ende? Ein Bach wird überquert, es sind ja seit
der VEGA REDONDA erst 30 Minuten vergangen! Nach
einer weiteren halben Stunde treffen wir auf den
Beginn der Fahrstraße. Wir atmen tief durch. Jetzt
kann nichts mehr schief gehen.

Schon nach kurzer Zeit werden wir wieder übermütig.
Laut zählen wir unsere Schritte mit, bei 2500 ist
die Senke VEGA DEL BRICIAL erreicht, und wir schwenken dort, voll Vertrauen auf unseren Kompaß, genau
nach Osten Richtung Südspitze unseres Sees ab.
Keine Frage, daß wir mächtig stolz auf uns sind, als
nach einem Kilometer die sumpfige Senke LAS REBLAGAS
unter uns liegt, die wir am Anfang unserer Wanderung
durchquerten. Jetzt ist es nur noch ein Katzensprung
zum See und zu unserem WOMO.

Hinweg 3 Std., Rückweg 2 1/4 Std.

VERSORGUNGSMÖGLICHKEITEN
Gaststätte 100m, Brunnen 50m von der Mitte des West-
ufers entfernt.
Luft sonnig 23 Grad/neblig 13 Grad, Wasser 18 Grad.

TOUR 8
Covadonga – Cangas de Onis – Ribadesella – Playa de Rodiles

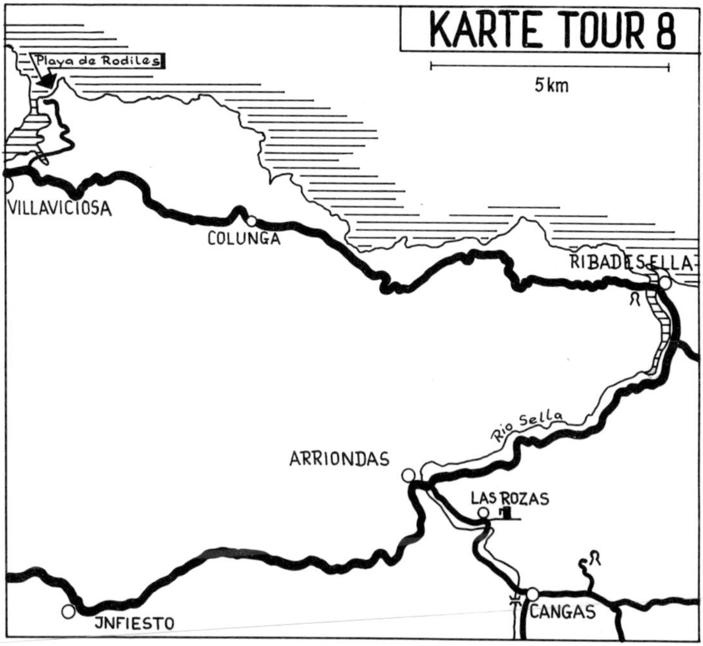

KARTE TOUR 8

5 km

Playa de Rodiles

VILLAVICIOSA

COLUNGA

RIBADESELLA

Rio Sella

ARRIONDAS

LAS ROZAS

INFIESTO

CANGAS

Am nächsten Morgen nieselt es noch immer aus den Nebelschwaden. Da kann man nur den Rückzug antreten! Trotz der kühlen Temperaturen kommen unsere WOMO-Bremsen ganz schön ins Stinken, bis unser Fahrzeug als erstes den Parkplatz unterhalb der "cueva santa" von COVADONGA ansteuert.

Cangas de Onis, Römerbrücke

49

"Cova Dominica", Höhle der Herrin, nannte man den ehemaligen Schlupfwinkel Pelayos, nachdem man einen Dankaltar zu Ehren der Hl. Jungfrau darin errichtet hatte. Mit der Zeit wurde daraus der Name COVADONGA und Tausende von Spaniern pilgern täglich zu Pelayos letzter Ruhestätte.Schnell ist ein Rundgang gemacht. Wir haben nicht den nationalen Bezug zu Pelayos Ruhmestat gegen die Mauren und treten schnell den Rückzug an, als die ersten Besucherschwärme die

Treppe hinauffluten.
Da ist der "Puente Romano", die alte römische Brücke über den RIO SELLA am Westrand von CANGAS DE ONIS, schon eher etwas nach unserem Geschmack. Man sieht diesem kraftstrotzenden und doch eleganten Bauwerk förmlich an, daß es für die Ewigkeit gebaut ist. Solch eine Konstruktion kann nicht einstürzen! Wasserfassen gefällig? Direkt hinter der Brücke, die vor LAS ROZAS den SELLA überquert, sprudelt es rechts gleich aus zwei Rohren.

Den Badeort RIBADESELLA erreichen wir genau zur Mittagessenszeit, d.h. gegen 14 Uhr. In einer kleinen Gaststätte in der Nähe des Hafens bruzzeln verführerisch die Fische auf einer heißen Platte, einladend funkelt der "Clarete", der spanische Weißherbst, in den Flaschen hinter der Theke. Wir erleben einen der Höhepunkte spanischer Gaumenfreuden in dieser bescheidenen Kneipe. Wieder einmal erfahren wir, daß Äußerlichkeiten auch hier nicht viel zu sagen haben.

Gesättigt und bester Laune stehen wir wenige Minuten später vor der berühmten prähistorischen Höhle "TITO BUSTILLO" auf der anderen Seite der RIA SELLA. Aber da bekommen wir auch sofort unsere Strafe verpaßt: GESCHLOSSEN! Nur noch 400 Personen werden täglich eingelassen, um die unersetzlichen Kunstwerke zu schonen. Zwar ist die (theoretische) Öffnungszeit von 10-13 und 15.30-18.30 Uhr, aber eben nur bis zum 400-Personen-Limit.

Nun ja, dafür haben wir aber auch wirklich exzellent gespeist. Und jetzt gilt es, einen genau so exzellenten Strandplatz zu finden, beschließen wir. Die kurvige Straße, die sich durch das bergige Küstengebiet windet, läßt kaum Blicke auf die Strände zu. So bleibt uns nichts anderes übrig, als eine Stichstraße nach der anderen zur Küste abzuklappern – und mehr oder minder enttäuscht weiterzuziehen. BERBES, LA ISLA, LASTRES, alles genügt nicht unserem (zugegeben) verwöhnten Geschmack. Erst am Ostufer der RIA DE VILLAVICIOSA, an der PLAYA DE RODILES, fünf Kilometer von der Hauptstraße entfernt, werden wir fündig.

Dort, wo die Stichstraße auf den Strand trifft, wendet man sich am besten nach links (Richtung Campingplatz) und nimmt dann eine der Sandpisten rechts durch das ausgedehnte Eukalyptuswäldchen bis zum vorderen Rand. Keine Angst, der Boden ist fest durchwurzelt. Erst ganz vorn sollte man etwas vorsichtig rangieren, um sich nicht in den Sand hineinzuwühlen.

Playa de Rodiles

In der vordersten Reihe des Wäldchens sind zur Dünenbefestigung
Sternkiefern (Pinus pinaster)
angepflanzt. Zwischen diesen Na-
delbäumen mit den längsten Nadeln
(bis 25cm) und den größten Zap-
fen, die bis zu acht Stück stern-
förmig um einen Ast herumstehen,
richten wir uns ein. Die Kiefern
haben genau "Hängemattenabstand",
und direkt vor dem WOMO kann man
zwei Meter hinunter auf den gold-
gelben Sandstrand springen. Mindestens einen
Kilometer dehnt sich die flache Bucht, setzt sich
nach links in die wellengeschützte Ria fort.
Natürlich war uns dort, wo die Straße auf den Strand
stieß, das Hinweisschild: "No acampar!" nicht ent-
gangen.
Aber genauso wie die Tagesbadegäste haben wir nur
einen Tisch und ein paar Stühle ausgepackt und har-
ren der Dinge, die da eventuell kommen. Aber niemand
nimmt Anstoß, und als noch ein junges Pärchen mit
einem holländischen VW-Bus in unserer Nähe sein
Lager aufschlägt, fühlen wir uns wie zu Hause.
Am nächsten Morgen ist wieder strahlender Sonnenschein. Wie die Mäuse aus ihren Löchern kommen die
Pensionsgäste an das Meer geströmt, bevölkern Strand
und Eukalyptuswald. Aber selbst diese große Men-
schenmenge verliert sich, jeder hat noch genug
Platz, um mindestens Federball spielen zu können.
Im Nu hat die Sonne die Luft wieder aufgeheizt,
endlich können wir abends mal wieder ohne Pullover
im Freien sitzen.

VERSORGUNGSMÖGLICHKEITEN
Mehrere Gaststätten hinter und neben dem Eukalyptus-
wäldchen, Supermarkt auf dem Campingplatz ca.500m
entfernt.
Luft sonnig 26 Grad/wolkig 21 Grad, Wasser 19 Grad.

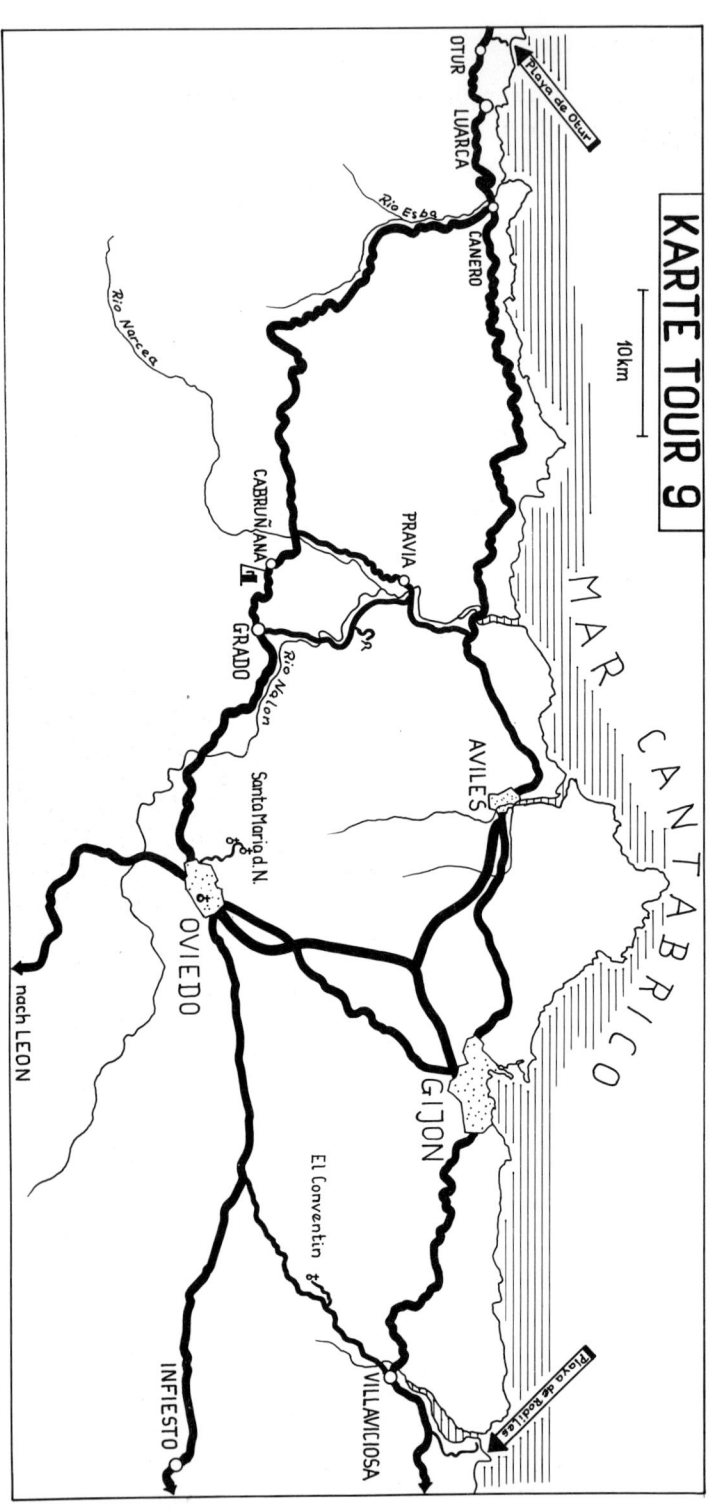

KARTE TOUR 9

10km

MAR CANTABRICO

OTUR
LUARCA
Playa de Otur
Rio Esba
CANERO
Rio Narcea
CABRUÑANA
PRAVIA
GRADO
Rio Nalon
AVILES
Santa Maria d. N.
OVIEDO
nach LEON
GIJON
El Conventin
Playa de Rodiles
VILLAVICIOSA
INFIESTO

TOUR 9
Villaviciosa – El Conventin – Oviedo – Luarca – Playa de Otur

Am nächsten Morgen ist der Himmel wieder bewölkt.
Wir können über Eintönigkeit des Wetterverlaufs
wirklich nicht klagen. Kurzentschlossen packen wir
zusammen - Fahr- und Besichtigungswetter!
12km sind es zurück zur C.632 und auf ihr nach
rechts bis VILLAVICIOSA am Beginn der gleichnamigen
Ria. Erst in der Ortsmitte zweigen wir nach links in
die C.638 Richtung OVIEDO ab. Kaum haben wir die
letzten Häuser hinter uns gelassen, wird die schmale
Küstenebene wieder wellig, hügelig, bergig. Serpentinen schlängeln sich die Hänge hinauf, alle Aufmerksamkeit ist auf die Fahrkünste der Entgegenkom-
menden und die Breite des eigenen WOMOs gerichtet.
AUFPASSEN!
Völlig unerwartet und wirklich erst im letzten Au-
genblick erspähen wir ca. 7km hinter VILLAVICIOSA
das Schild, das uns nach rechts zum Kirchlein SAN
SALVADOR DE VALDEDIOS (auch "El Conventin" genannt)
weist.

Kirchlein El Conventin

Das bezaubernde Bauwerk, das wir am Ende eines 2km
kurzen Stichsträßchens erblicken, stammt aus dem
IX.Jahr. Seine typisch mozarabische Steinmetzarbeit
und die Hufeisenfenster am klar gegliederten drei-
schiffigen Baukörper zu bewundern reicht eigentlich
völlig aus. Auf das Klingeln an der benachbarten
Klosterpforte, das tief im Inneren des weitläufigen
Baues verhallt, erscheint ein kleines Männchen.
Leider verstehen wir kaum etwas von seinen Ausfüh-
rungen, während er uns durch die düsteren Wandelgän-
ge schleppt, in denen der Moder hockt. Vom XIII. bis
zum XVIII.Jahr. wurde an dem Komplex gebaut und
umgebaut. Jetzt macht alles einen vergammelten Eindruck. Lediglich die Klosterkirche strahlt noch vom
Glanz vergangener Zeiten.

Besonders auffallend: vier holzgeschnitzte Reiterge-
stalten hoch oben in der Vierung, zu deren Füßen
Mauren mit gespaltenen Köpfen niedersinken. So ver-
stand man wohl christliches Tun zu Zeiten der Reconquista, der Rückeroberung Spaniens für das Christentum.
15km weiter ist die Schnellverkehrsstraße N.634 nach
OVIEDO erreicht. Jetzt hat die Kurverei ein Ende,
aber dafür erleben wir zum ersten Mal dichten LKW-
Verkehr auf einer spanischen Straße.
In OVIEDO (Stadtplan: Firestonekarte T-21) gibt es
für den Durchreisenden zwei Sehenswürdigkeiten, die
er nicht auslassen darf:
Im alten Ortskern die gotische Kathedrale mit der
"camara santa", in der sehr schöne Goldschmiedear-
beiten und weitere Kostbarkeiten des alten Kirchen-
schatzes zu bestaunen sind (Öffnungszeiten 9.30-
13/16-20 Uhr). Leider bereitet die Parkplatzsuche
erhebliche Probleme.
Leichter gelangt man zum Narancoberg: Zunächst immer
den Schildern "N.634, LA CORUNA" nach, an der PLAZA
DE LA LIBERACION rechts, Hinweisschild "STA MARIA DE
NARANCO".

Dort liegen nach vielleicht 4km Berganfahrt zwei
architektonische Kostbarkeiten sozusagen am Straßenrand, die beiden westgotischen Kirchen SAN MIGUEL DE
LILLO und STA MARIA DE NARANCO. (Öffnungszeiten
9.30-13/15-19 Uhr). Während die Königskapelle SAN
MIGUEL durch ihre gedrungene Kreuzform besticht, ist
STA MARIA ein zweistöckiger Hallenbau, dessen ur-
sprüngliche Bedeutung noch umstritten ist. Auch hier
bewundern wir die Liebe zum Detail,die gewundenen
Säulen der Dreierarkaden an der Stirnseite mit den
Sonnensymbolen darüber, in denen Tauben zu schnäbeln
scheinen.

Hinter OVIEDO wird die N.634 unangenehm: Kurvig
bergan, hinab zum RIO NALON, hinauf und wieder hinab
zum RIO NARCEA. (Dazwischen, nach dem Ort VILLAPANA-
DA, links ein Brunnen).

Weiter bergauf, bergab! Nun geht es durch dichte
Maronenwälder. Hier muß man ja im Herbst in Eßkasta-
nien wühlen können! Wir müssen wir fast die Beleuchtung einschalten, so wenig gelangt vom trüben Him-
melslicht durch die dichten Baumkronen, die über der
Straße zusammenstoßen und aus denen schwere Tropfen
auf die Windschutzscheibe klatschen. Rutschpartien
drohen in den engsten Serpentinenkehren. LA ESPINA
wird durchquert, dahinter rechts wieder ein Brunnen.
Nun wird die Straße auf ihrem Weg zur Küste von
einem Flüßchen begleitet, erreicht sie kurz vor
LUARCA, einem quirligen Badeort, dessen uralter
Stadtkern kaum Platz für die Durchgangsstraße, geschweige denn für Parkplätze, bietet. Wir flüchten
weiter nach Westen.

Nach 6km, in der Streusiedlung OTUR, kommen wir uns
vor wie zu Weihnachten! Zunächst entdecken wir
rechts, allein auf weiter Flur und direkt am Straßenrand, einen "Supermercado" mit riesigem, freiem
Parkplatz. Als wir den Laden verlassen, eingedeckt
mit Versorgung für mehrere gemütliche Strandtage,
blitzt die Sonne bereits zwischen den davonhetzenden

Wolkenfetzen hindurch, und wenige 100m weiter
taucht, herbeigesehnt, ein Strandhinweisschild auf:
"PLAYA DE OTUR".
Das nur 1000m kurze Stichsträßchen, das an seinem
Ende mit 21% Gefälle (gemessen, nicht geschätzt!)
zur Küste hinabkurvt, führt uns zum schönsten Fleckchen unserer bisherigen Reise: zweifarbiger, weicher
Sandstrand, dahinter Golfrasen mit einigen Ferien-
hütten und Wohnwagen.

Begrüßt werden wir von einem großen Mülleimer vor
einem sorgfältig gemalten "Zelten-verboten"-Schild.
Links erblicken wir ein Fahrzeug mit der Aufschrift
"GUARDIA CIVIL", die Insassen machen ein gemütliches
Schwätzchen mit ein paar Badegästen, verabschieden
sich dann, um oben an der Hauptstraße ein paar
"Strandsucher" weiterzuwinken. Motto: "Urlauber verteilen, nicht vergraulen!"
Der Sandstrand wird eingerahmt von malerischen Felsenpartien. Ihre vorderen, bei Flut überschwemmten
Abschnitte sind bei Ebbe ein unerschöpfliches Klet-
tergebiet. Ausgewaschene Mulden und Rinnen bilden
jetzt kleine Teiche und Aquarien, in denen Seeigel,
Seesterne, Seeanemonen, Krabben und die verschieden-
sten Seetange der Laminaria-Familie aus nächster
Nähe bestaunt werden können.Sie kennen kein einziges
dieser "Viecher" mit Namen? Selbst blutige Laien
finden sich mit einem bebilderten Bestimmungsbuch
(siehe "Literatur") sofort zurecht.
Direkt hinter dem Strand hat sich zwischen Büschen
eine Holzbude zur "Bar" ernannt, Tische und Bänke
laden zum Schwätzchen ein. Weiter zurück, am Wiesen-
hang, trielt eine kleine Quelle, und morgens, gegen
9.30 Uhr, man glaubt es kaum, kommt laut hupend das
Bäckerauto mit frischen Brötchen den Hang herabge-
saust.
Urlauber - was willst Du mehr?
Die Hauptattraktion der Bucht jedoch ist das kleine
Bächlein am Ostrand, das auf seinen letzten Metern
zum Meer eine 30m lange Höhle durchfließt. Hier und
zwischen den benachbarten Felsen finden Kinder und
tintenfischstochernde Erwachsene endlose Spielmög-
lichkeiten.
Bachaufwärts wird man eher an die Kehrseite der
Zivilisation erinnert: Zwischen riesigen Büschen
wunderschön orangerot blühender Montbretien leuchtet
das Clopapier.

VERSORGUNGSMÖGLICHKEITEN
Quelle am Hang, Bäcker (Brot, Brötchen, Kuchen,
Kekse) kommt morgens vorbei, Laden mit Fleischabtei-
lung an der Hauptstraße Richtung LUARCA links. Kurz
vorher rechts "Casa Consuelo", Restaurant mit reich-
haltiger Speisekarte und bester asturischer Küche.
Luft 26 Grad, Wasser 20-21 Grad.

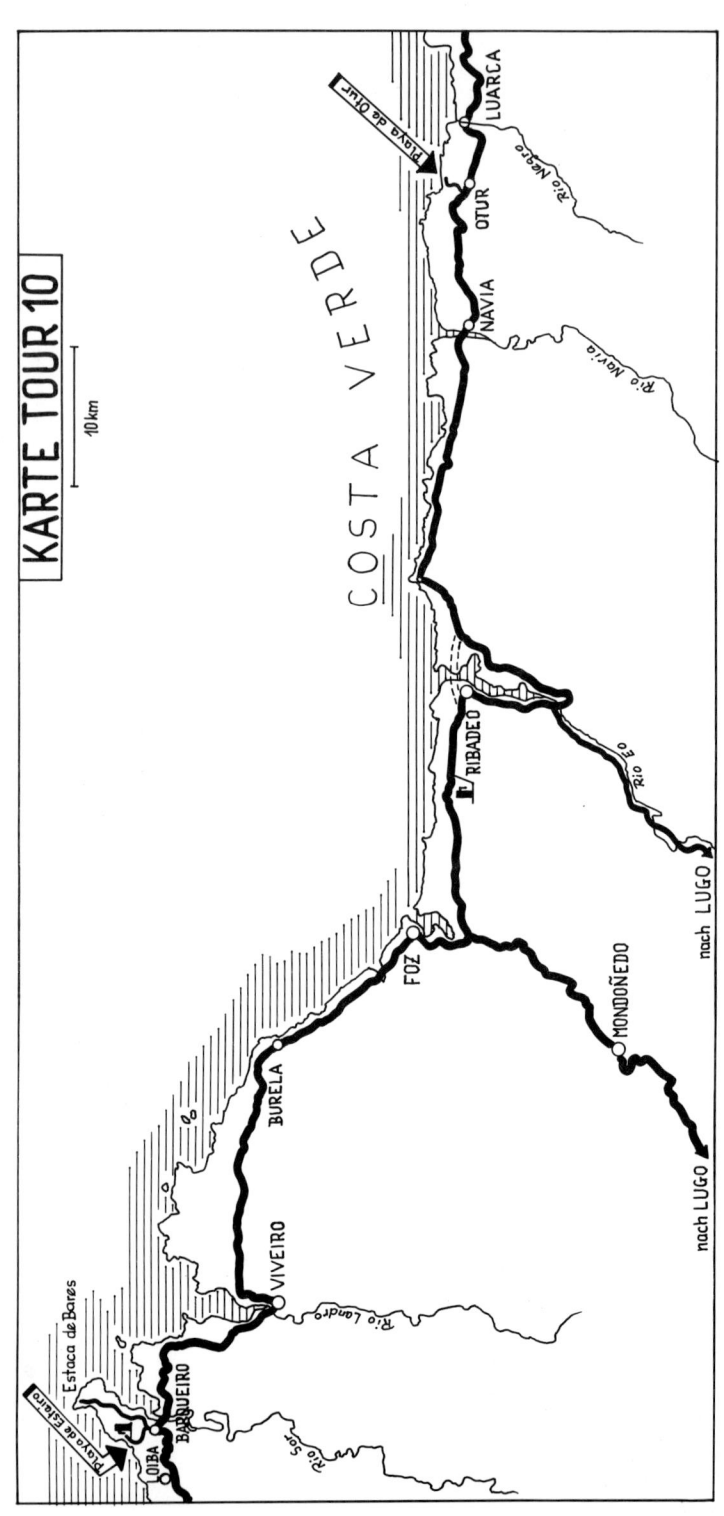

KARTE TOUR 10

10 km

COSTA VERDE

Playa de Otur

LUARCA

OTUR

NAVIA

Río Negro

Río Navia

RIBADEO

Río Eo

nach LUGO

FOZ

MONDOÑEDO

BURELA

nach LUGO

VIVEIRO

Río Landro

Río Sor

Estaca de Bares

Playa de Esteiro

BARQUEIRO

OBA

TOUR 10
Navia – Ribadeo – Burela – Viveiro – El Barquero – Playa de Esteiro

Leise tuckernd läuft der WOMO-Motor warm, während die Kinder mit trotzigen Gesichtern die steile Zufahrtsstraße zu unserer Traumbucht emportraben, um oben Warnposten zu beziehen. Niemand verläßt gern dieses idyllische Fleckchen Erde; die Kinder nicht, weil noch längst nicht alle Spalten und Felsen der Steilküste "erforscht" sind, die Eltern nicht, weil solch himmlische Erholungstage sicher nicht wiederkommen - und das WOMO nicht, weil 21% Steigung eine Quälerei sind. Deshalb auch die Posten oben an der Kuppe, denn wegen Gegenverkehr anhalten und wieder anfahren - unvorstellbar!
Seit LUARCA ist die N.634, die Küstenstraße, im Ausbau, was auch dringend not tut. Der befahrbare Teil hat eine Querwölbung wie ein mozarabisches Tonnengewölbe und schlingt sich mit Begeisterung um jeden Felsvorsprung. Querrillen und Schlaglöcher, von den bereits "dem Verkehr übergebenen" Schotterpartien ganz zu schweigen, werden hoffentlich bald der Vergangenheit angehören.
Wir durchqueren NAVIA, umfahren die RIA DE RIBADEO. Leider können wir nur von unten den gigantischen Brückenbau bewundern, der bald die Mündung der Ria überspannen wird, eine Abkürzung von gut 25km. Wir "dürfen" noch die gesamte Ria abfahren, deren Straßen zusätzlich durch den Brückenbauverkehr demoliert und verstopft sind. Aber dafür gibt es immer wieder herrliche Aussichten auf die so atemberaubend grüne, asturische Küste. Faszinierend die halbfertige Spannbetonkonstruktion der Brücke, unbegreiflicher noch als das spätere, so selbstverständliche Fertigprodukt.
Jetzt sind wir in GALICIEN!
Wer es auf der Karte nicht erkennt, merkt es spätestens an den veränderten "horreos". Hier sind sie nicht mehr quadratisch und holzgebaut, sondern viel kleiner und steinern, die ebenfalls steinernen Dächer an den Giebelenden mit Steinspitzen, Kreuzen und anderen Beschwörungssymbolen verziert. Eigentlich gleichen sie mehr steinernen Sarkophagen, einer fernen, asiatischen Ahnenverehrung dienend, als simplen Maisspeichern.
BURELA wird erreicht, es ist genau 14 Uhr. Mittagszeit!
Rechts an der Hauptstraße ein Restaurantschild: "LUZERN Hostal Cafeteria". Das kann wohl kaum für Schweizer (oder deutsche) Touristen gedacht sein, eher eine Erinnerung des Besitzers an seine mitteleuropäischen Lehr- und Wanderjahre. Eine Synthese aus Schweizer Gastronomie und spanischem Fischangebot? Das will ausprobiert sein! Wir fahren nicht schlecht. Die sogenannten "platos combinatos", im Gegensatz zu den üblichen Menüfolgen also komplette Gerichte auf einem Teller wie in Deutschland sind riesig, und die Preise alle unter 10,-DM.
Weiter geht's! Die Playa von VIVERO, eingesäumt von

Pinien und Eucalyptus, leuchtet herauf. Entschuldigung! Natürlich nicht "Playa", sondern "Praia"! Wir befinden uns ja jetzt in Galicien, und die Aktivisten unter den Separatisten "korrigieren" jedes erreichbare Hinweis- oder Verkehrsschild. So lernen wir die Feinheiten galicischer Orthographie kennen - falls das Schild überhaupt noch leserlich ist.

10km westlich VIVERO lacht uns der erste vernünftige Strand an: PLAYA DE SAN ROMAN. Ein zweiter, weitläufig, östlich der Mündung des RIO SOR; die Abfahrten von der Straße scheinen aber mehr etwas für Allrad-Spezialisten zu sein. Oder haben wir den bequemsten Weg übersehen?

Der Strand, von der Straße aus immer wieder zu erkennen, ist jedenfalls nahezu menschenleer.

Der RIO SOR wird überquert, die Straße kurvt nach EL BARQUERO empor. Hinter dem Gebäude der "Banco de Bilbao" halten wir rechts Richtung BARES, nach hundert Metern, hinter einer Farmacia, zweigen wir jedoch schon wieder links ab und gelangen auf schmalstem Teersträßchen nach zweieinhalb Kilometern zur "PLAYA DE ESTEIRO".

Dies ist wieder ein Plätzchen zum Verweilen! Vor einem Tennisplatz rechts gelangen wir an ein weitläufiges Pinienwäldchen (mit Quelle rechts im Farndickicht). Überall bieten sich Stellplätze an, beschattet oder im strahlenden Sonnenschein. Wir fahren durch bis zum Ende der Piste, zu einem ziemlich sandigen Platz in leicht erhöhter Lage, etwas für "Sonne-versinkt-blutrot-im-Meer-Genießer".

Genau im Westen ragen die schroffen Klippen des CABO ORTEGAL aus der schäumenden See, nördlichster Punkt der SIERRA DE LA CAPELADA. Weiter nördlich liegt in Spanien nur noch die ESTACA DE BARES, das andere Ende der RIA DE STA MARTA, über die unser Blick schweift.

Der Strand, von unserem Plätzchen durch ein schmales Dünengelände zu erreichen, ist mit kurzen Symbolen zu beschreiben: 1A!

Playa de Esteiro

VERSORGUNGSMÖGLICHKEITEN

Quellwasser, sorgfältig in Schalen aus Eucalyptusstämmen aus dem Farndickicht herausgeführt, hinter dem Pinienwäldchen.

Alle Einkaufsmöglichkeiten in EL BARQUERO.

Luft 28 Grad, Wasser 22 Grad.

TOUR 11

Ortigueira – Cedeira – Valdoviño – Mandia – Playa de Ponzo

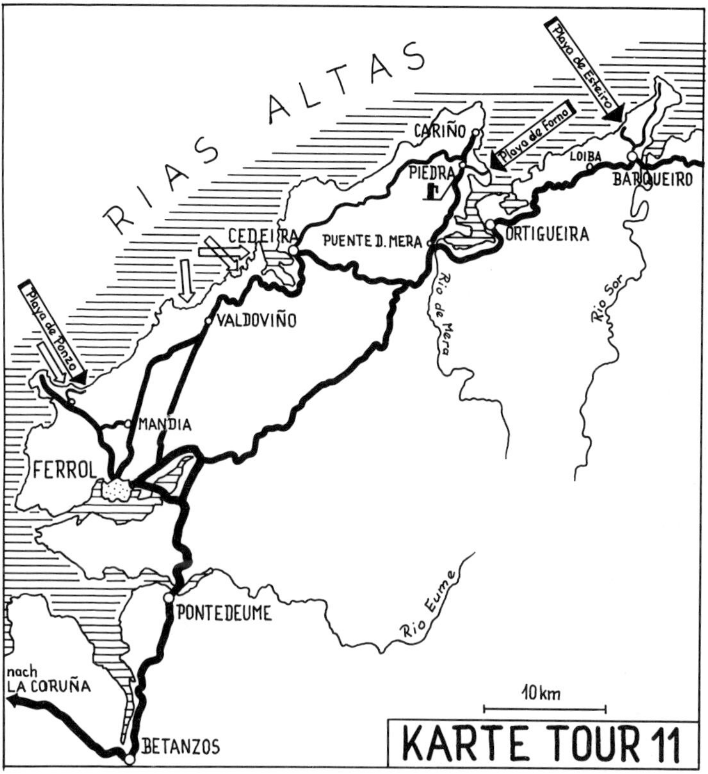

RIAS ALTAS

CARIÑO
PIEDRA
CEDEIRA
PUENTE D. MERA
VALDOVIÑO
MANDIA
FERROL
PONTEDEUME
nach
LA CORUÑA
BETANZOS
LOIBA
ORTIGUEIRA
BARQUEIRO
Playa de Esteiro
Playa da Forma
Playa de Ponzo
Rio de Mera
Rio Sor
Rio Eume

10 km

KARTE TOUR 11

"Lohnender ist aber die Fahrt zur Playa de Pion. Dazu biegt man bei Loiba ab,...", liest Brigitte aus einem neuen, alternativen Spanienführer vor. Neugierig machen wir uns auf den Weg, finden auch in LOIBA

Galicischer Ochsenkarren

schnell die Abzweigung, aber dann wird's schwierig. Endlich, wir haben uns mehrfach verfranzt und dreimal nachgefragt, weil wir es einfach nicht glauben können, stehen wir an einer 30 Meter hohen Steilküste: unter uns der versprochene Traumstrand, nur mühselig durch gefährliche Kletterei zu erreichen - wahrlich alterna-tiefe Träume!

Machen wir uns wieder selbst auf die Suche!

In PUENTE DE MERA, dort, wo der RIO DE MERA sich zur RIA DE STA MARIA erweitert, biegen wir hinter der Brücke nach rechts Richtung CARINO und fahren bis PIEDRA. (Davor links Brunnen). Hier führt rechts ein gutes, aber schmales Sträßchen zur PLAYA DE FORNO. Der silbrig glänzende Sandstrand ist von Felsen eingerahmt und bietet eine Besonderheit für Muschelsammler: Hunderte der sonst recht seltenen, rasiermesserförmigen Scheidenmuscheln (Ensis siliqua) liegen unbeachtet im Sand herum.

Leider ist das Parkplatzangebot nicht fürs Verweilen, höchstens für's Übernachten geeignet.

Südlich von CEDEIRA lockt unterhalb der Straße wieder ein weiter Sandstrand, aber nirgends entdecken wir eine einigermaßen bequeme Abfahrt. So tuckern wir weiter, stets durch die inzwischen schon so vertrauten Eucalyptuswäldchen mit ihrem Hustenbonbongeruch. PLAYA DE BALEO ist malerisch, aber nur für Zeltler; PLAYA DE PANTIN, wieder Rot-Kreuz-bewacht, ein Traum von einer zwei Kilometer breiten Sandbucht. Hier fällt uns zum ersten Mal der Nachteil eines weitläufigen Dünengeländes auf: Keine Straße, noch nicht einmal eine vertrauenerweckende Piste, nähert sich im Mittelabschnitt dem eigentlichen Strand. Nur an der felsigen Flanke eine einzige Zufahrt, der Parkplatz gerammelt voll und windschief, genau das "Richtige" für unseren Kühlschrank. So ist es nicht verwunderlich, daß der Mittelteil des Strandes menschenleer ist, denn wer schleppt schon gern seinen Krempel Hunderte von Metern durch den tiefen Sand?

Wir aalen uns bis zum späten Nachmittag in der Sonne, aber als wir dann auch noch Teerfladen an unseren Füßen entdecken (zum ersten Mal in Nord-Spanien!), machen wir uns wieder auf den Weg.

Südlich VALDOVINO gabelt sich die Straße. Wir bleiben rechts auf der C.646, denn die PLAYA DE FROUXEI-RA sieht auf der Firestone-Karte mit 3-4km Breite verlockend aus. Aber auch hier weites Dünengelände! Alle Zufahrten enden in knietiefem Sand Hunderte von Metern vom Wasser entfernt.

Langsam reicht's!

Aber die nächsten Hinweisschilder zu Stränden weiter südlich führen nur zu winzigen Sandflecken, deren Zufahrten weit oberhalb des Strandes an staubigen Parkbuchten enden - undiskutabel!

Zudem fehlen seit einiger Zeit sämtliche Ortsschilder. Wie wir später erfahren, ist das die neueste Methode der Separatisten, das "Gallego" auf den Straßenschildern zu erzwingen. Uns zwingt es zunächst dazu, ins Blaue hinein weiterzusuchen. Auf der (vermuteten) Höhe von MANDIA schlagen wir uns nach rechts. Irgendwo dort im Westen müssen wir auf breite Strände treffen!

Zunächst aber durchqueren wir düster wirkende Dörfchen, auf die jetzt in abendlicher Stunde die knarrenden einachsigen Ochsenkarren mit ihren Holzscheibenrädern zuhalten, hochbeladen mit Grünfutter. Schwarzgekleidete Frauen, die Sense geschultert, schlurfen hinterdrein.

Ein Dorfwaschhaus fällt uns auf, schiefergedeckt wie die Wohnhäuser, offensichtlich der belebteste Platz der Siedlung, Arbeits-, Treff- und Tratschstation aller, oder doch zumindest des weiblichen Teils der Bevölkerung.

Da, endlich, die Einmündung in eine breitere Straße. Das muß die Verbindung von EL FERROL nach RAJON (RAXON) sein! Über einen Hügel geht es, wieder bergab. Im nächsten namenlosen Dorf gleich mehrere Hinweisschilder zu Stränden. Da sie alle nach rechts zeigen, fällt uns die Entscheidung nicht schwer. Der ordentliche Schotterweg verzweigt sich mehrfach. Freundlich geben uns heimkehrende Bauern Auskunft: "Immer rechts halten!" So landen wir schließlich, tief aufatmend, auf dem rasenbewachsenen Parkplatz am Westende der PLAYA DE PONZO, erkenntlich an einer Turmruine, die sich aus den Hügeln des Hinterlandes erhebt. Zum Wasser sind es nur wenige Schritte durch die (leicht vermüllten) Dünen, deren Optik stark durch die überall erstrahlenden weißen Blütendolden der Dünennarzisse oder Pankrazlilie (Pancratium maritimum) aufgewertet wird.

Der 2km breite, halbkreisförmige Sandstrand jedoch ist einsame Spitze (einsam auch im wörtlichen Sinne), goldgelb, fein und sauber bis auf eine hundert Meter breite Passage, in der Tausende von Fingertangresten (Laminaria digitata) angespült sind.

Einsame Pfade durchziehen die Heide-, Wiesen- und Dünenlandschaft, wie geschaffen für einen langen Spaziergang, um den anstrengenden Fahrtag friedvoll ausklingen zu lassen. Dabei gelangen wir auch zu dem weiter westlich gelegenen Strand PLAYA STA COMBA mit einer kleinen Kapelle; auch hier nur ein einziger, einsam stehender Wohnwagen.

Am nächsten Morgen, noch vor dem Frühstück, wird erst mal das Areal vom Müll befreit, ein großes Sandloch läßt alles verschwinden. Dann genießen wir bei Weißbrot und weichem Ei einen ungetrübten Blick auf "unseren" Strand.

VERSORGUNGSMÖGLICHKEITEN

Eine barackenartige "Bar" am anderen Ende des Parkplatzes bietet Getränke jeglicher Art an.
Luft 29 Grad, Wasser 19 Grad.

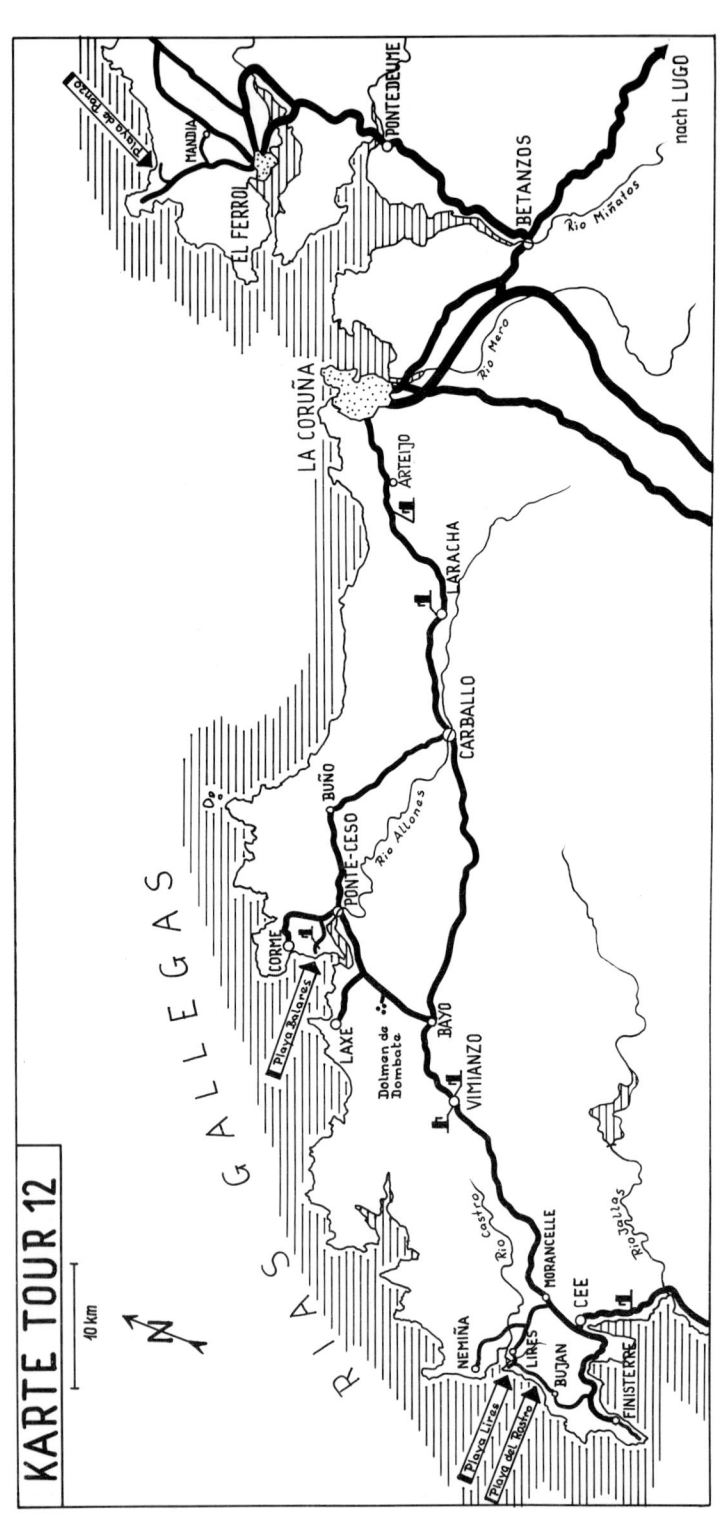

KARTE TOUR 12

N

10 km

nach LUGO

RIAS GALLEGAS

Playa de Ponzo

MANDIA

EL FERROL

PONTEDEUME

BETANZOS

Río Miñatos

LA CORUÑA

ARTEIJO

LARACHA

Río Mero

CARBALLO

BUÑO

PONTE-CESO

Río Allones

CORME

Playa Balares

LAXE

Dolmen de Dombate

BAYO

VIMIANZO

Río Castro

MORANCELLE

CEE

Río Jallas

NEMIÑA

LIRES

BUJAN

FINISTERRE

Playa Lires

Playa del Rastro

TOUR 12
El Ferrol – La Coruña – Praia Balares – Dolmen de Dombate – Playa del Rostro

Rumpelnd schwankt unser WOMO von der PLAYA DE PONZO zur Teerstraße zurück, während sich dichte, niedrig hängende Nebelschwaden langsam als Wolken entlarven. Leichter Nieselregen zaubert Fleckenmuster auf unsere staubbedeckte Windschutzscheibe. Ob wir uns noch an den launischen galicischen Wettergott gewöhnen werden? Nun, zumindest läßt er keine Langeweile aufkommen.

EL FERROL (der Zusatzname "del Caudillo", den der Geburtsort Francos jahrelang tragen mußte, ist inzwischen wieder verschwunden) mit seinen Schiffswerften "besichtigen" wir allerdings nur während der Durchfahrt in strömendem Regen. Die N.VI nach LA CORUNA ist in ihren meisten Abschnitten gut ausgebaut, wir kommen trotz Steigungen und Kurven flott voran. Den Industriesiedlungen der zersiedelten Landschaft, die im Regenschleier an uns vorbeiziehen, schenken wir kaum Beachtung.

Wir halten Einzug in LA CORUNA (Stadtplan: Firestonekarte T-20), der "Kristallenen", so genannt wegen ihrer verglasten Häuserfronten, Schutz bietend gegen Wind und peitschende Regenschauer. Wie auf Befehl fangen sie an zu glitzern, die Sonne blitzt schon wieder durch die Regenwolken.

"Immer rechts halten!" befiehlt der Co-Pilot. Der Park Mendez Nunez zieht zur Rechten vorbei, das Hauptpostamt. Eine große Zahl von Parkplätzen bietet sich wenige Meter später rechterhand der AVENIDA DE LA MARINA an, direkt am Kai, wo auch in einem kleinen Flachbau die Touristikinformation untergebracht ist (geöffnet ab 10 Uhr).

Von hier aus ist fast alles Sehenswerte mit wenigen Schritten zu erreichen: die Altstadt nördlich des Hafens mit ihren gepflasterten Straßen, beschaulichen Plätzen, ihren Kirchen und Klöstern, die "Jardines de Mendez Nunez" mit ihren seltenen Bäumen und Sträuchern an der schmalsten Stelle der Landenge – nur 500 Meter sind es von hier quer durch die belebten Stadtviertel CANTONES zur anderen Seite mit den Stränden RIAZOR und ORZAN.

Hier fängt auch unser Magen empfindlich an zu knurren. "Cocido" fällt mir ein, das legendäre Leibgericht aller Galicier (auch "Lacon con grelos" genannt), das Wundermittel gegen pfeifenden Wind und Regenschauer. Neugierig spähen wir durch Türen und Fenster von Bars, Gaststätten und Restaurants. Alles sieht nach Tourismus aus, nicht nach "gutbürgerlich".

Ich marschiere einfach in eine Apotheke, die Apotheker können meistens englisch oder französisch! "Cocido?" Mein Gegenüber lacht, dann schreibt er eine Adresse auf, kommt mit vor die Tür und zeigt uns den Weg. "CASA NAVEIRO", CALLE DEL ORZAN, steht auf meinem Zettel, und nach wenigen Schritten stehen wir auf einem winzigen Platz (SAN ANDRES), können bis in die Küche des kleinen Restaurants hineinblik-

ken. Alle schauen uns bei unserem Eintritt neugierig
an. "Wer hat denn euch verraten,...?" scheinen ihre
Blicke zu sagen.
Die Speisekarte ist umfangreich und unverständlich.
Mein Gesicht spricht offensichtlich Bände, denn die
Wirtin winkt mir zu, öffnet auf dem riesigen Herd
Topf um Topf, zeigt in Kühltheke und Schüsseln. Kaum
habe ich mich entschieden, ruft mich Brigitte zu-
rück, deutet verstohlen auf den Nachbarstisch: "Das
möchte ich!"
Ein tolles Durcheinander! Aber man trägt alles mit
Gelassenheit, der Tischnachbar sucht uns auf der
Speisekarte den Namen seines Gerichts heraus, und
kurz darauf schwelgen wir in Riesenportionen. Mein
"Cocido", dessen pflanzliche Zutaten in Form des
riesigen Markstammkohles in Galicien weite Felder
und jeden Gemüsegarten zieren, ist außerdem eine
Kalorienorgie in verschiedenen Schweinefleischstük-
ken, die obligatorischen Kichererbsen kullern mir
dauernd vom Teller. (Warum meine Kinder dabei immer
kichern müssen?)
Brigitte genießt "Merluza a la cazuela", in der
Kasserolle überbackenen Seehecht - ein Gedicht.
Gestärkt und sehr zufrieden mit unserem Apotheker
kehren wir zum WOMO zurück und statten dem berühmten
"TORRE DE HERCULES" am Nordende der Halbinsel einen
Besuch ab, einem römischen Bauwerk aus dem II.Jahrh.
Naja, ganz so wild wie sein Namensvetter ist er ja
nicht, aber von seiner Höhe kann man zwischen 10-
13.30 und 16-19.30 Uhr das Panorama LA CORUNAS genießen und die Gewißheit, auf dem ältesten noch
funktionierenden Leuchtturm der Welt zu stehen.
Auf das weitläufige Wiesengelände, das den Turm
umgibt, kann man von der Zufahrtsrampe aus nach
links auch mit dem WOMO gelangen. Hier läßt's sich
ruhig übernachten mit Blick auf die Lichterpracht
der größten Stadt Galiciens.
Wir fahren auf der Westseite der Halbinsel zum Zentrum zurück, biegen halb links in die AVENIDA DE
FINISTERRE ein und geben schnell Gas, als wir an den
stinkenden Raffinerien der Vororte vorbei nach Süden
ziehen.
Hinter ARTEIJO (wir sind jetzt auf der C.552),
steigt die Straße steil an (links Brunnen). Mitten
in LARACHA, das entgegen der Firestone-Karte nicht
abseits der Straße liegt, nochmals rechts ein Brunnen im Betonhäuschen.
Jetzt können wir gut versorgt in CARBALLO rechts
Richtung MALPICA zum Meer abbiegen. Auf erst jüngst
restaurierter Straße rollen wir durch lichte Pinien-
wälder, nur ab und zu zwängen sich Felder mit Kohl
und Mais dazwischen. "Cocido" tönt es stets aus
aller Munde.

In BUNO zweigen wir links Richtung PUENTECESO ab.
Dort biegen wir direkt vor der Brücke über den RIO
ALLONES rechts (Wegweiser "CORME"), aber nach 1500
Metern, bei einer Spitzkehre, wieder links (Wegweiser "BALARES 3,5km").
Jetzt kann man nicht mehr falsch fahren! Nach wenigen Minuten schimmert der Sandstrand PLAYA BALARES
durch die Bäume. Nochmals gabelt sich der Weg: links
ein Strand, rechts ein Strand. Der rechte gewinnt
unsere Gunst, weil er zusätzlich ein schattenspen-

Playa Balares

dendes Pinienwäldchen bietet, in dem wir unser WOMO
zur Ruhe und uns in die Hängematten betten können.
Auch für geruhsame Abend- oder Morgenspaziergänge
ist gesorgt! So zieht ein schmaler Pfad nach Süden
über Granitplatten mit orangeroten Flechtenklecksen
durch eine Vegetation aus Heide, Stechginster und
dem gleichzeitig weißlich blühenden und mit orange-
nen, eiförmigen Beeren fruchtenden Herbstseidelbast
(Daphne gnidium, sehr giftig). Nach einer halben
Stunde ist der Sandfinger des RIO ALLONES erreicht,
ein einsames Dünengebiet, in dem man sich verloren
wie in einer Wüstenlandschaft fühlt.

VERSORGUNGSMÖGLICHKEITEN
An jedem Strandteil eine kleine Bar. 50m links der
Gabelung zu den beiden Stränden eine Quelle. Das
ausgezeichnete Wasser sammelt sich in einem Quell-
topf (einen Eimer o.ä. zum Schöpfen mitnehmen!).
Wasser 19 Grad, Luft 24 Grad.

Am nächsten Morgen stehen wir nach kurzer Fahrt
wieder in PUENTECESO an der Brücke über den RIO
ALLONES. Jetzt überqueren wir sie Richtung
LAXE/BAYO. Nach sechs Kilometern geht es an der
Gabelung links (Wegweiser "BAYO") und zwei Kilometer
später nach rechts zu dem 1,5km abseits gelegenen
DOLMEN DE DOMBATE.
Vor über 5000 Jahren, in der Jungsteinzeit (Neoli-
thikum), entstand dieses eindrucksvolle Einzelgrab.
Wer mag der Tote gewesen sein, für dessen Bestattung
man sich so viel Mühe gab, riesige Steine aufrichte-
te und eine gewaltige, tonnenschwere Platte darüber-
schob? Wie bewegten unsere Vorfahren, ohne schweres
Gerät, diese Gewichte? Baute man Rampen, zog man die
Blöcke über Rollen aus Baumstämmen?
Längst ist das Grab geplündert, aber das Monument
hat die Jahrtausende unverändert überdauert, erträgt
auch geduldig unsere Kinder, die respektlos auf ihm
herumturnen - wie kann auch Begräbnisstimmung auf-

Dolmen de Dombate

kommen, wenn helle Sonnenstrahlen fröhlich durch das
Geäst des kleinen Kiefernwäldchens blitzen, uns
weiterlocken zu sonnigen Stränden?
Wir kehren zur Abzweigung zurück, eilen weiter nach
Süden. Vor und in VIMIANZO warten gleich zwei Brunnen, und mit einem Blick auf das sehenswerte CASTIL-
LO DE VIMIANZO ergänzen wir unsere Trinkwasservor-
räte. 22km geht es noch nach Süden durch freundli-
ches Bauernland: Mais- und Kohlfelder, oft mitten
darin die schwermütig anmutenden "horreos".
Bei MORANCELLE schließlich rechts Richtung PEREIRI-
NA/MUGIA, in PEREIRINIA links. Durch das Dörfchen
LIRES müssen wir uns geradezu zwängen, so eng und
verwinkelt stehen die Gehöfte. Zwischen Misthaufen
und Horreos fragen wir uns zur PLAYA DE LIRES durch,
die am Südrand der Trichtermündung des RIO CASTRO
liegt.
Hier hat sich eine kleine Gaststätte etabliert,
Zeltplätze wurden für Gäste eingeebnet, eine Wind-
radeigenkonstruktion fesselt unseren Blick.
Die Parkmöglichkeiten oberhalb der idyllisch zwischen Felsen eingelagerten Sandbuchten sind jedoch
knapp, es sei denn, man wagt sich auf schräger Piste
weiter nach Süden. Hier sind in menschenleerer Heidelandschaft noch Robinson-Plätze zu vergeben; vom
nördlichen Ufer des RIO CASTRO lockt die PLAYA DE
NEMINA.
Wir aber wenden, überqueren den spärlichen RIO LIRES
und biegen hinter der Brücke, aber noch vor einem
kleinen Kirchlein, nach rechts ein. Hier führt uns
ein schmales Sträßchen bergan und dann, an einer
weiteren Gabelung wieder rechts, zu einem der
schönsten nordspanischen Strände, der PLAYA DEL
ROSTRO!
Im kohl- und maisbewachsenen Hinterland haben rüh-
rige Bauern ein weitverzweigtes Wegesystem angelegt.
Wir fahren durch bis zum Südrand der gut zwei Kilometer langen Sandbucht, rollen in der Nähe der PUNTA
DAS PARDAS aus.
Dort gluckert ein kleines Bächlein durch ein Feld
aus Sumpfschwertlilien, eingestreut die violetten

Playa del Rostro

Köpfchen der Wasserminze und die roten Ähren des
Blutweiderichs, zum Strande; es hat auf seinem Weg
genug Feuchtigkeit für eine WOMO-Wiesenfläche ge-
spendet: First-class-Atmosphäre!
Aber nicht genug damit!
Bevor das Rinnsal im Sand versickert, hat es sich
auf dem Strand zu einem Mini-Süßwassersee gestaut -
ideale "Entsalzungsgelegenheit" nach dem Baden im
Meer und kleinkindersicherer Plantsch- und Spieltüm-
pel.
Auch hier verlocken wildwechselschmale Pfade zu
ausgedehnten Spaziergängen, die Dünen bieten Rutschpartien, denen sich auch gesetztere Erwachsene kaum
entziehen können - wahrlich ein Traumstrand!

Luft 23 Grad, Bächlein 21 Grad, See 24 Grad,
Meer 19 Grad.

ANMERKUNG
Die PLAYA DEL ROSTRO kann auch von Süden, angefahren
werden. Achtung! Keinerlei Hinweisschilder! Zwischen
CORCUBION und FINISTERRE biege man dort rechts ein,
wo man links ein dosenförmiges Gebäude mit der Aufschrift "Rondiella" (oder so ähnlich!) erblickt.

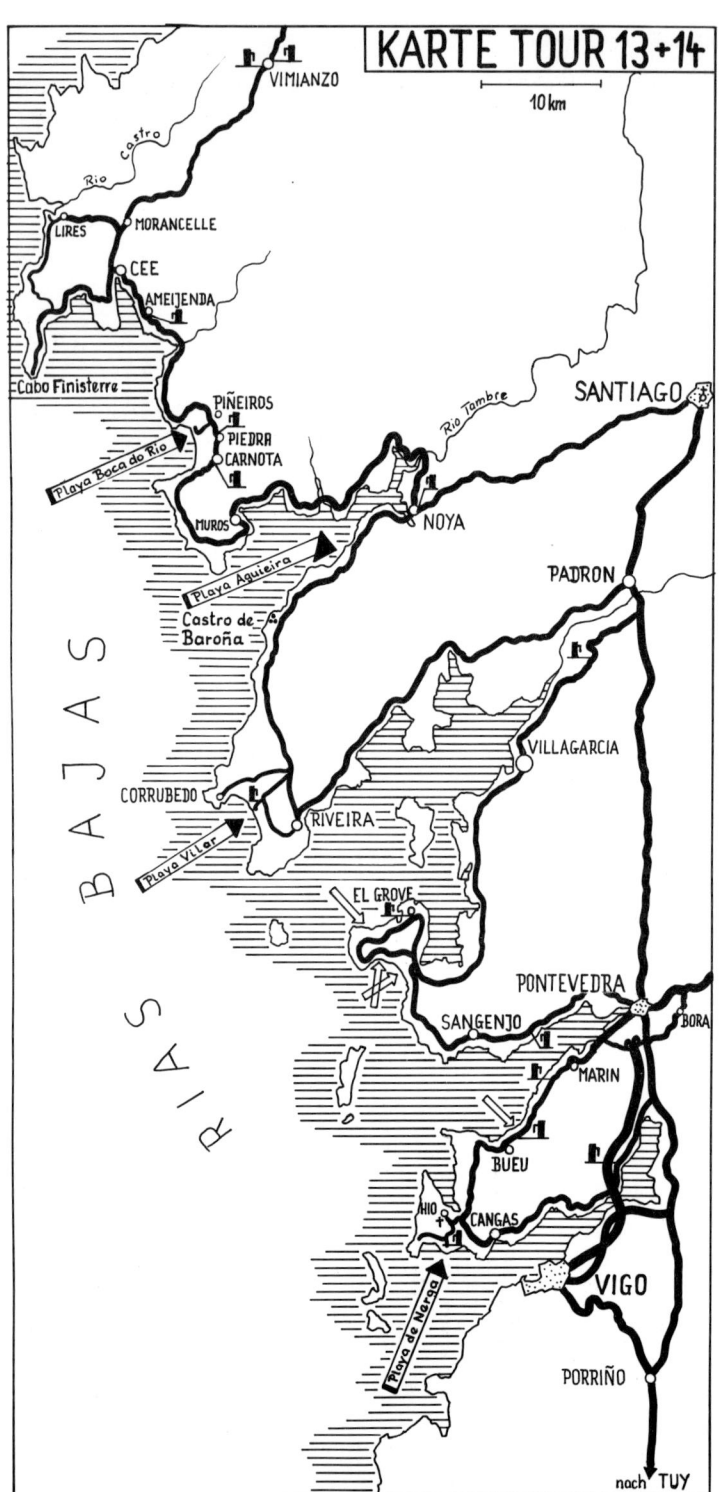

KARTE TOUR 13+14

10 km

VIMIANZO

Rio Castro

LIRES   MORANCELLE

CEE

AMEIJENDA

Cabo Finisterre

PIÑEIROS

PIEDRA

CARNOTA

Playa Boca do Rio

MURDS

Rio Tambre   SANTIAGO

NOYA

PADRON

Playa Aguieira

Castro de Baroña

VILLAGARCIA

CORRUBEDO

RIVEIRA

Playa Vilar

EL GROVE

PONTEVEDRA

SANGENJO   BORA

MARIN

BUEU

HIO   CANGAS

VIGO

Playa de Narca

PORRIÑO

nach TUY

R I A S   B A J A S

TOUR 13
Cabo Finisterre – Corcubion – Playa Boca do Rio – Noya – Playa Aguieira – Castro de Baroña – Playa Vilar

Wir verlassen PLAYA DEL ROSTRO nach Süden und gelangen einen Kilometer nördlich FINISTERRE auf die Landstraße zum Kap, zu dem es von dort aus weitere 2,5km sind.

CABO FINISTERRE bietet überhaupt nichts, noch nicht einmal die Gewißheit, am westlichsten Punkt Europas zu stehen, denn der ist das CAPO DA ROCA nördlich Lissabons.

Viel schöner ist der abendliche Blick von CARNOTA aus Richtung Cabo, wenn die letzten Strahlen der untergehenden Sonne abgelöst werden von den herüberschweifenden Fingern des Leuchtturmes.

Dazu müssen wir aber erst 40km Küstenstraße bezwingen, schmal, kurvenreich, unübersichtlich. Auf den Bänken in den offenen Höfen sitzen die alten Frauen, vor sich am Boden die langen Schlangen der Bohnenranken. Manche sind noch auf dem Heimweg von den Feldern, trotten müde am Straßenrand, die Ernte wie einen gigantischen Turban auf dem Kopf.

CORCUBION, CEE, die Namen huschen vorbei, sind bald nur noch Buchstaben auf der Karte; in AMEIJENDA ein Brunnen links. Jetzt heißt es wieder achtgeben! Hinter O VISO, dort, wo der Wegweiser links nach PINEIROS zeigt, biegen wir rechts zur 1,6km entfernten PLAYA BOCA DO RIO ab. Rückblickend können wir mit Sicherheit sagen: der malerischste Strand unserer Nord-Spanien-Tour!

Riesige, rundgewaschene Granitkugeln liegen auf dem Sandstrand verstreut, wollen erklettert werden. Einsamkeit!

Bei einem Glas Wein (oder waren es mehrere?) begrüßt uns der Leuchtturm vom CABO FINISTERRE, und während er unaufhörlich seine Warnung vor Klippen und Untiefen in die Weite sendet, schlafen wir, ohne daß ein Geräusch uns stört.

Playa Boca do Rio

Wirklich schade, daß wir so wenig Zeit haben für den
superbreiten Strand in der Bucht von CARNOTA. Hier
könnte man glatt vierzehn Tage Urlaub machen. Aber
noch so vieles wartet auf uns!
Mit den einsamen, weitläufigen Stränden ist es
allerdings jetzt vorbei. Die RIA DE MUROS Y NOYA ist
schon dichteres Siedlungsgebiet. Über die ganze
Strecke bis NOYA läßt sich nur eines sagen: Gräßli-
che Gurkerei für den Fahrer (Baustellen, Staub und
Stau), herrliche Ausblicke für den Beifahrer auf die
Buchten und Berge der Ria, wenn er die Nerven hat,
sich in seiner Muße nicht vom Verkehrsgeschehen
ablenken zu lassen.
Die Landschaft ist stark zersiedelt, die Strände
sind voll und nicht sehr sauber. Meist bieten sie
überhaupt keinen Stellplatz für unser WOMO, allen-
falls einen Parkplatz.
Erst PLAYA AGUIEIRA, 9,7km südlich der Brücke von
NOYA, hat nach der 100m langen, steilen Abfahrt

Playa Aguieira

rechts ein kleines Pinienwäldchen, in dem wir vor
einigen komfortablen Ferienhäusern recht ordentlich
stehen.
Daß wir als erstes mit Spaten und Stöckchen den Müll
zusammentragen und vergraben, um den Blick auf Bucht
und Insel Aguieira genießen zu können, wird mit
erstaunten Blicken registriert.
Der weiße, halbkreisförmige Sandstrand mit einem kleinen Süßwas-
sersee dahinter (ähnlich PLAYA
DEL ROSTRO) bietet eine ganz
besondere Überraschung für uns:
Zum ersten Mal überhaupt finden
wir hier gleich eine ganze Reihe
der Großen Kammuscheln (Pecten
maximus), die uns als Pilgermuscheln schon von so vielen
Kunstwerken her bekannt sind.
Aber natürlich stochern wir nach

den ersten Zufallsfunden auch besonders eifrig im
Flutsaum, schnorcheln mit der Taucherbrille im flachen, ruhigen Wasser. Am besten macht man sich am

Morgen bei Ebbe auf die Suche, denn die ersten
Strandgäste (und Muschelsuchkonkurrenten) trudeln
erst zwischen 10 und 11 Uhr ein.

See 25 Grad, Meer 20 Grad, Luft 26 Grad.

An den Felsen der ISLA AGUIEIRA pflücken wir uns
(natürlich ebenfalls bei Ebbe) innerhalb weniger
Minuten ein Miesmuschel-Abendessen ab:

> ### MIESMUSCHELN A LA AGUIEIRA
> Man nehme einen Topf voll Miesmuscheln, säu-
> bere sie von Sand und Wasserpflanzen. Dann
> füllt man in den Topf zwei Fingerbreit hoch
> Süßwasser ein, gibt die gesäuberten Muscheln
> dazu und stellt das ganze etwa zehn Minuten
> aufs Gas. Als Gabel benutzt man eine leergeg-
> gessene Muschel.
> Dazu reicht man pro Person eine halbe Zitrone,
> Weißbrot und Weißwein.
> Muscheln, deren Schalen sich beim Kochen nicht
> öffnen, oder die vorher schon geöffnet waren,
> sollte man wegwerfen. Sie sind höchstwahr-
> scheinlich verdorben!

Von der PLAYA AGUIEIRA fahren wir genau 8,7km auf
der C.550 nach Süden, bis wir rechts das Schild
"CASTRO DE BARONA" erblicken. Hier müssen wir das
WOMO am Straßenrand abstellen und uns zu Fuß aufmachen. Es sind nur ein paar hundert Meter auf der
größtenteils noch mit Steinplatten belegten "Straße", zunächst an einem Brunnen vorbei, dann rechts
zum Meer.
Schon von weitem erblicken wir die erst kürzlich
ausgegrabenen Reste einer etwa 2000 Jahre alten
keltischen Siedlung. Auf den Platten der alten Zufahrtsstraße können wir mühelos noch die tief einge-
grabenen Rillen erkennen, die die Karrenräder im
Laufe der Zeit eingeschnitten haben.

Castro de Barona

Die zu Verteidigungszwecken auf einem inzwischen verlandeten Inselchen angelegte Siedlung zeigt runde und ovale Gebäudegrundmauern, auf dem Festland und am Inselrand mehrere Verteidigungslinien. Die Dächer der Häuser werden wohl konische Form gehabt haben. Unbegreiflich bleibt uns die Enge, in der die Bewohner gelebt haben müssen. Wir "füllen" mit unserer Familie mühelos eine Haus, ohne daß noch weitere Personen oder gar Einrichtungsgegenstände Platz gehabt hätten. Wahrscheinlich spielte sich das gesamte Leben im Freien ab, die Häuser wurden wohl nur zum Schlafen aufgesucht.

Weiter geht es nach Süden. Kurz hinter SOBRIDO, aber erst 50 Meter hinter der Abzweigung nach CORRUBEDO, führt ein weiteres Sträßchen rechts ab nach CARREIRA. Nach etwa 3,5km, kurz vor CARREIRA, geht es rechts ab zur PLAYA VILAR.

Playa Vilar

Auf einem terrassenartigen Gelände mit Grasnarbe haben sich bereits einige Dauerzeltler eingenistet, aber wir finden mühelos noch ein schönes Plätzchen direkt hinter dem schönen Sandstrand, den auch hier wieder riesige Felsbrocken beleben - und hinter denen man sich bei zu heftiger Brise im Windschatten verstecken kann.

Oder darf es etwas Sportlicheres sein?

In Buch- und Papierwarengeschäften gibt es lenkbare Drachen (spanisch:"cometa") für etwa 15 DM.

Mit zwei Schnüren kann man seinem "Kometen" zu tollen Kapriolen und Loopings, oder auch zu haarsträubenden Sturzlandungen verhelfen - eine Mordsgaudi für groß und klein!

VERSORGUNGSMÖGLICHKEITEN

Fünfzig Meter oberhalb des Strandes Quelle in einer Wiesenmulde.

Luft 24 Grad, Wasser 19 Grad.

TOUR 14
Riveira – Padron – Santiago de Compostela – Villagarcia – Pontevedra – Bueu – Hio – Playa de Nerga

(Karte s. Tour 13)

Heute früh haben wir es eilig, Großes steht uns bevor. So haben wir kaum einen Blick für die RIA DE AROSA, an der entlang wir nach Nordosten eilen: SANTIAGO, 60km trennen uns noch vom religiösen Zentrum Spaniens.

Im IX.Jahrh. entdeckte man hier unter mysteriösen Umständen das Grab des Apostels Jakobus des Älteren. Nüchterne Geschichtsforscher sehen eher einen Zusammenhang mit der Eroberung Spaniens durch die Mauren kurz zuvor. Man brauchte einfach göttliche Hilfe, um den als unbesiegbar geltenden Heiden entgegentreten zu können.

So wird bereits 844 berichtet, der Hl. Jakobus (Santo Jago = Santiago) habe als Ritter auf der Seite der Gläubigen in die Schlacht von CLAVIJO eingegriffen und ihnen zum Siege verholfen.

In "El Cid", der spanischen National-Heldensage, wird die Bedeutung des "Matamoros", des Maurentöters, auf eine einfache Formel gebracht: "Die Mauren rufen Mohammed, die Christen Santiago".

Waren es seine "kriegerischen" Erfolge oder lag es daran, daß Jerusalem wegen der Türkengefahr in den nächsten Jahrhunderten zu gefährdet lag, die Pilgerströme nach Santiago wuchsen in die Millionen, in ihrem Gefolge siedelten sich an den Pilgerwegen Mönche an, versorgten die "Jakobsbrüder", pflegten sie notfalls kostenlos.

Dankbare Pilger, die Erlösung von ihren Leiden gefunden oder Vergebung ihrer Sünden erhalten hatten, stifteten zum Teil erhebliche Geldbeträge; Klöster wurden gegründet, Kirchen und Hospize gebaut. SANTIAGO kam zu Reichtum, den wir auch heute noch in großartigen Bauwerken bestaunen können.

Nachdem wir PADRON erreicht haben, sind die restlichen 20km auf der neuen N.550 eine Kleinigkeit. Wir nähern uns der Pilgerstadt von Südwesten. Da der mittelalterliche Stadtkern für unser WOMO kaum befahrbar ist, suchen wir uns schon am Ende der AVENIDA DE JUAN CARLOS I., die rechts am Park "PASEO DE LA HERRADURA" vorbeiführt, einen Parkplatz. Von hier aus sind es nur etwa 300 Meter zum alten Stadtkern mit der Kathedrale. (Zwei Stadtpläne: Firestonekarte T-20).

Wir markieren uns unseren Parkplatz mit einem Kreuz auf dem Stadtplan (sicher ist sicher!) und haben bald die riesige PLAZA DEL OBRADOIRO (Plaza de Espana) erreicht. Die Pracht der sie umgebenden Gebäude verschlägt uns fast den Atem. Wo sollen wir nur anfangen, worauf uns konzentrieren?

Nach guten vier Stunden (incl. Mittagessen) haben wir die größte Zahl der Sternchen in den Kunstführern "abgehakt": das HOSTAL DE LOS REYES CATOLICOS auf der Nordseite der Plaza mit seinem wunderschönen platteresken Portal, den PORTICO DE LA GLORIA der Kathedrale hinter der barocken OBRADOIRO-Fassade,

Santiago, Kathedrale

das romanische Kircheninnere mit der Figur des
Hl.Jakobus, zu der man hinter dem Altar auf einem
kleinen Treppchen emporsteigen kann, die PUERTA DE
LAS PLATERIAS, das kunstvolle Portal der Goldschmie-
de.
Ein Rundgang durch die bezaubernde Altstadt mit
ihren stillen Gassen, in denen jedes Gebäude lange
Geschichten aus alter Zeit erzählen könnte, bildete
den Abschluß unserer Besichtigung. Wohltuend fiel
uns dabei die geringe Zahl der Touristen, die Ruhe,
die Gelassenheit der Menschen auf. Sollte doch ein
besonderer Stern über Compostela, dem Sternenfeld,
stehen?
Bis PADRON kehren wir die gleiche Straße zurück, auf
der wir morgens nach Santiago geeilt waren (N.550)
und bleiben auf ihr bis PUENTECESURES. Dort schwenken wir am südlichen Ortsausgang nach rechts auf die

C.550, die Küstenstraße nach VILLAGARCIA ab, um an
der RIA DE AROSA einen neuen Badeplatz zu suchen.
Um es gleich vorweg zu sagen: Bis zur
portugiesischen Grenze "läuft" nicht
mehr viel unter der Rubrik "schöne
Badeplätzchen". Die Gegend ist im Ein-
zugsbereich der großen Städte PONTEVED-
RA und VIGO dicht besiedelt und zwi-
schen ihnen mit Ferienhäusern vollge-
stopft.
Wir haben die Strände abgefahren. Sie
sind samt und sonders gut geeignet für
einen Badeaufenthalt (z.B. zwischen EL
GROVE und SANGENJO sowie die PLAYA DE
MAYOR 2km nordöstlich BUEU), aber ein
Plätzchen zum Verweilen war sehr schwer
zu finden.
Eigentlich haben wir schon resigniert,
fahren nur noch weiter, um uns das
"CRUCERO DE HIO" anzuschauen, eine
wunderschöne, meisterhaft detaillierte
Steinmetzarbeit, die die Kreuzabnahme
Christi darstellt.
Und dann spielt uns der Zufall einen
Streich! Bei der Rückfahrt verpasse ich
die Abzweigung und fahre versehentlich
geradeaus weiter Richtung DONON und
erst ein paar hundert Meter später
links ab nach NERGA.
Ehe ich mich recht versehe, ist das
kleine Dörfchen schon passiert und
bergab geht's. Fünfhundert Meter später
stehen wir mit offenem Mund an einer bezaubernden
Badebucht - das hätten wir nicht mehr erwartet!
Die PLAYA DE NERGA liegt geschützt im Windschatten
des CAPO DE HOME und der etwa 6km entfernten ISLAS
CIES. Am Tage liefern diese einen malerischen Hintergrund und bei Nacht werden wir gleich von einer
ganzen Batterie von Leuchttürmen auf den umliegenden
Kaps angestrahlt.

Playa de Nerga

VERSORGUNGSMÖGLICHKEITEN
Brunnen 100m vor dem Dörfchen links, dort verschie-
dene Läden.
Luft 25 Grad, Wasser 21 Grad.

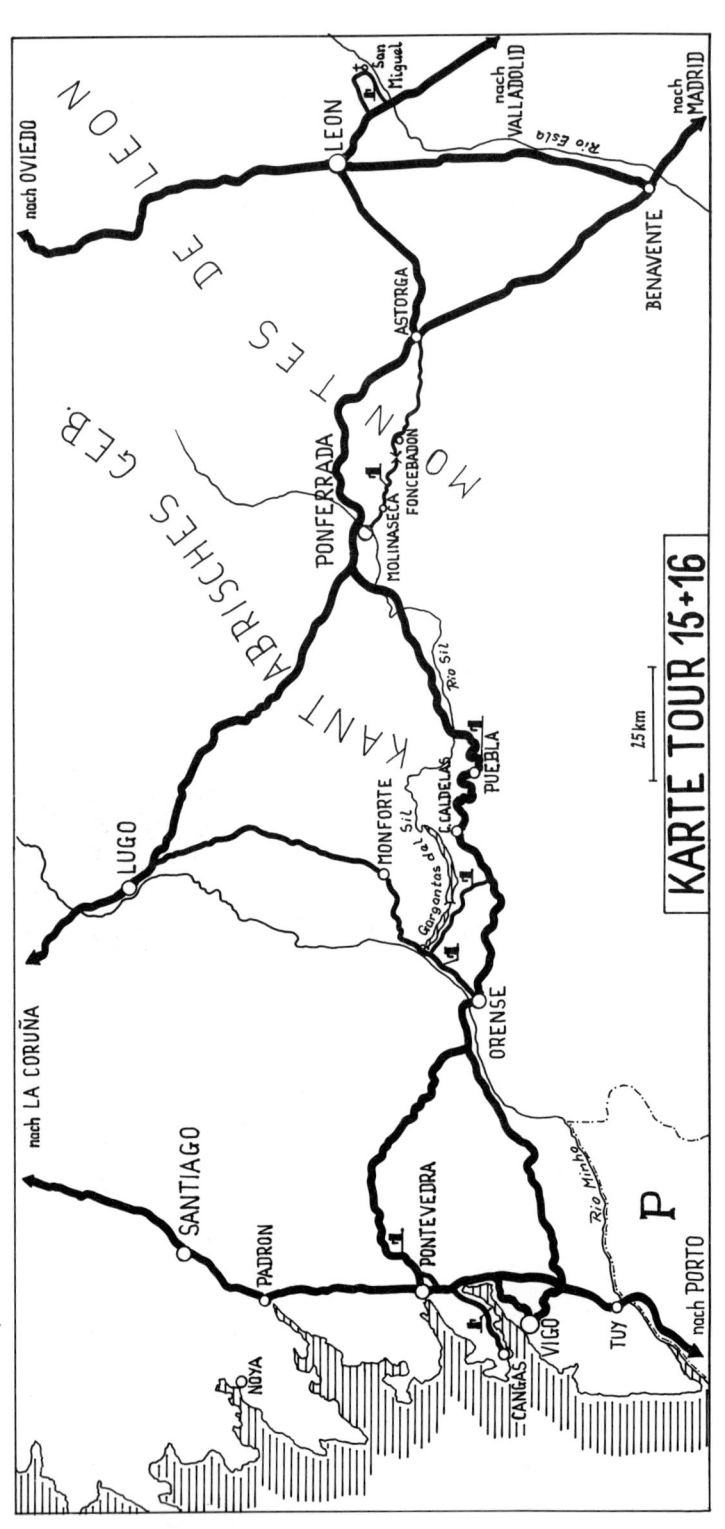

KARTE TOUR 15+16

15 km

nach OVIEDO

MONTES DE LEON

KANTABRISCHES GEB.

nach LA CORUÑA

SANTIAGO

PADRON

NOYA

PONTEVEDRA

CANGAS

VIGO

TUY

nach PORTO

P

Rio Miño

ORENSE

MONFORTE

CALDELAS

PUEBLA

Gargantas d'l Sil

Rio Sil

LUGO

PONFERRADA

MOLINASECA

FONCEBADON

ASTORGA

LEON

San Miguel

nach VALLADOLID

nach MADRID

BENAVENTE

Rio Esla

76

TOUR 15

Pontevedra – Orense – Gargantas del Sil – Ponferrada

Heimwärts, die Hauptrichtung heißt Osten!
Aber wie viel gibt es noch zu sehen. Des Pilgers Rückweg wollen wir streifen, so oft es geht, und dabei völlig unbekannte Gegenden Spaniens durchqueren.
Zunächst geht es über CANGAS, die C.550 benutzend, Richtung PONTEVEDRA. Wir genießen letztmals die schönen Blicke auf die Ria. Hier in der RIA DE VIGO wie in der von PONTEVEDRA sind sie aufgereiht wie die Armada vor der Schlacht um England, die Muschelplattformen. Unter ihnen wachsen die wichtigsten Zutaten für die Paellas in aller Welt heran. Die Autobahn wird unterquert, 3km später ein Brunnen links. Bald ist die N.550 erreicht, auf der wir nach links auf PONTEVEDRA zupreschen.

Ria de Pontevedra, Muschelplattformen

Da, wieder ein Hinweisschild zur Autobahnauffahrt. Hier kann man auch nach rechts abfahren, wenn man PONTEVEDRA umgehen will und über PONTE BORA auf die N.541 gelangen.
Wer die Hauptroute durch PONTEVEDRA benutzt, muß gut aufpassen! Das Verkehrsschild an der Abzweigung rechts nach ORENSE, kurz nach Ortsbeginn, ist halb von einer Ampel verdeckt!
Jetzt geht es auf der N.541 flott voran. Das Klösterchen von TENOIRO grüßt schelmisch von rechts herab, wir winken ihm zu. Dort oben, vor seinen Toren, glaubten wir vor Jahren einmal einen besonders ruhigen Übernachtungsplatz gefunden zu haben. Wir hatten aber die Rechnung ohne die dortige Schutzheilige gemacht, die just am nächsten Morgen ihren Namenstag hatte. Jedenfalls wurden wir zu nachtschlafender Zeit von Böllerschüssen und Dauerglockengeläute direkt vor unserer WOMO-Tür so fürchterlich erschreckt, daß wir unsere Häupter seitdem stets weit entfernt von Kirchenglocken zur Ruhe betten.

Am weiteren Straßenverlauf kann man gut erkennen, daß er erst kürzlich begradigt wurde, die alten Abschnitte liegen wie Girlanden rechts und links der neuen Piste und werden geschickt als Parkplätze genutzt. Hinter VIASCON befinden sich auf solchen Plätzen rechts zwei Brunnen.

Wir genießen das zügige Vorwärtskommen. Endlich mal wieder im vierten Gang. So vergeht die Strecke durch die Öd- und Heideflächen der MONTES DEL TESTEIRO wie im Fluge. 15km vor ORENSE mündet unsere Straße nach links in die N.120, die am RIO MINO entlangzieht. Erst jetzt wird uns bewußt, wie verkehrsarm die Strecke bisher war - aber schon haben wir den MINO überquert und müssen bei der ersten Gelegenheit von der Hauptstraße abfahren, um in die Altstadt zu gelangen.

An der belebten CALLE GENERAL FRANCO winkt das gelbe Schild der "Caja postal", der Postsparkasse, direkt davor lockt ein freier Parkplatz - leider auf der anderen Straßenseite. Ich veranstalte ein Wendemanöver, daß selbst die Spanier die Luft anhalten, ein Polizist hilft beim Einparken, begrüßt mich dann freundlich auf deutsch: "Hier ist Halteverbot!" Ich schaue ihn entgeistert an. "Aber wenn Sie nur für eine halbe Stunde...!?" Wir scheiden als Freunde, und nachdem sich unser Geldbeutel mit Hilfe des Postsparbuches wieder wohlige Rundungen zugelegt hat, schlendern wir die paar Schritte nach Süden bis zur AV.DE PONTEVEDRA, um dort nach links über die PLAZA MAYOR zur Kathedrale zu gelangen. Der Spaziergang durch die kühlen, sauberen Gäßchen und Straßen ist eine Freude. In der Kirche, deren Baukörper seit dem XII.Jahrh. leider zu häufig verändert wurde, um noch geschlossen zu wirken, gibt es einige Kostbarkeiten: die Retabelwand hinter dem Hauptaltar, den PORTICO DEL PARAISO am Beginn des Hauptschiffs, also im Westen. Wie bei seinem Vorbild in SANTIAGO ist auch hier der Hl.Jakob dargestellt, das Schwert in der Hand. Bewundernswerter noch die Arbeiten in den Bogenläufen über dem Tympanon.

Die meiste Aufmerksamkeit erregen aber weder der Portico noch das barocke Schnitzwerk in der Christo-Kapelle im nördlichen Querschiff, sondern die elektronischen Opferkerzen: Man zündet kein Wachskerzchen mehr an, sondern wirft ein Geldstück ein, und eine elektrische Kerze beginnt zu flackern - wahrlich eine fortschrittliche Errungenschaft!

Wir schlendern etwas eiliger zum WOMO zurück (hoffentlich hat der Polizist keine Uhr dabei) und fahren auf der GENERAL FRANCO weiter nach Norden, halten uns dann rechts, unterqueren die Bahnlinie und biegen links Richtung MONFORTE in die C.546 ein.

Warum wir von der Hauptroute abweichen? Der RIO SIL, von PONFERRADA kommend, hat sich in Millionen von Jahren durch das Kantabrische Gebirge gefressen und dabei grandiose Schluchten geformt, viel älter und gewaltiger als die geologisch jungen "gargantas" und "desfiladeros" der PICOS. Das letzte und schönste Stück davon, bevor sich der RIO SIL in den RIO MINO ergießt, wollen wir uns anschauen.

Da ist er schon, links, weit unter uns, der RIO MINO. Vor uns hängen die braunen Wolken eines Waldbrandes am Hang. Zwei Löschflugzeuge kreisen darüber

wie Geier, stürzen sich in das Inferno, steigen,
ihrer Wasserlast entledigt, wieder empor.
Wir folgen der Bahnlinie nach rechts, die auf der
anderen Flußseite in die GARGANTAS DEL SIL einbiegt.
(Kurz vor und hinter der Abbiegung je ein Brunnen).
Das einzige Verkehrsschild, das wir entdecken, weist
zum MONASTERIO DE RIBAS DE SIL. Nicht zu übersehen
ist ein rotes (Warn?)-Schild, das wir großzügig
mißachten. Das Sträßchen ist äußerst schmal und
kurvenreich, zieht unter einem Baldachin aus Edelka-
stanien und Eichen dahin, gibt fantastische Blicke
auf den gestauten SIL frei. Eine Brücke führt in ein
Seitental, die Bahnlinie verschwindet darin. Wir
bleiben auf unserer Seite, schrauben uns nun den
Hang hinauf, die weite Aussicht auf den EMBALSE
DESTO ESTEVO genießend, wenn die Straße ein Stück
geradeaus führt. (Der Beifahrer hat's halt gut!)
Bei PARADA DO SIL biegen wir rechts ab Richtung
VILARINO-FRIO. Heidelandschaft, weite Sicht, (Brun-

Gargantas del Sil

nen links in TEIMENDE), zwei kleine Stauseen, von
denen der zweite bei LEBOREIRO durchaus zu einem
erfrischenden Bad einlädt. Jetzt sind wir zurück auf
der N.120, gewinnen Raum, werfen einen kurzen Blick
auf das CASTRO CALDELAS, bevor sich die Straße wieder in Schluchten hinabstürzt, Sättel übersteigt;
nichts für Kilometerfresser, fürwahr.
Hinter PUEBLA DE TRIVES beginnt der markanteste
Abschnitt der Strecke: Für 10km Luftlinie braucht
die Straße 22km. (Zwischen PUEBLA und LAROUCO zwei
Brunnen). Dann ist die Mühsal zu Ende. Kurz hinter
dem EMBALSE DE SAN MARTINO ist die neue N.120 schon
für den Verkehr freigegeben, läßt O BARCO rechts
liegen, durcheilt mehrere Tunnels, und ehe man sich
versieht, ist die N.VI aus LUGO erreicht.
Wir befinden uns nun im BIERZO, einem fruchtbaren
Grabeneinbruch zwischen dem galicischen und dem
leonesischen Teil des Kantabrischen Gebirges; es
geht auf PONFERRADA zu. Wir biegen in die erste
Zufahrt ein, werden von Staub und Kohlenbergen begrüßt. Ja, mit besonderer Schönheit ist die Stadt
der Eisenbergwerke nicht gesegnet. Wir brausen durch
das Zentrum, den Wegweisern LEON folgend, bis die
Zinnen des CASTILLO DE LOS TEMPLARIOS, der Templer-
burg, rechts durch die Häuserfronten lugen. Hinter
der eisernen Brücke über den RIO SIL, die der Stadt
ihren Namen gab, biegen wir scharf rechts und landen
sogleich auf der PLAZA MAYOR, einem ruhigen, gepflasterten Platz, von dem aus wir mit wenigen Schritten
zur Burg gelangen (geöffnet: 9-13 Uhr, außer dien-
stags).
Hier in PONFERRADA sind wir wieder auf dem "camino",
dem alten Pilgerweg und werden ihm jetzt - so gut
das mit dem WOMO geht - bis zur französischen Grenze
folgen.
Für heute jedoch haben wir unser Soll erfüllt. Deshalb fahren wir zwar von der PLAZA MAYOR links auf
der LE.142 Richtung MOLINASECA. Bereits 5km hinter
PONFERRADA entdecken wir jedoch links, am Rande
eines Bächleins, ein einladendes Pappelwäldchen. Wir
halten darauf zu (Wegweiser:"ONAMIO") und finden
gleich hinter dem Brücklein ein ideales Übernach-
tungsplätzchen.

TOUR 16
Molinaseca – Cruz de Ferro – Astorga – Leon – San Miguel de la Escalada (Karte s. Tour 15)

Ich träume, jemand hat den Vorhang unseres Iglus offen gelassen. Arktische Kälte greift mit Eisesfingern nach mir, durchdringt mühelos meine Bettdecke. Entsetzt wache ich auf! Ein Blick auf das Außenthermometer: fast null Grad!
Nach einigen Minuten des Nachdenkens fällt der Groschen: Gestern war es besonders warm, die Nacht ist eiskalt – wir haben den Küstenbereich verlassen, in dem das Meer mildernd auf die Temperaturen einwirkt. Der nächste Streckenabschnitt bis zu den Pyrenäen wird unter dem Einfluß des kontinentalen Klimas stehen: blauer Himmel und ununterbrochener Sonnenschein, aber auch sternklare, kalte Nächte.
Während ich noch überlege, ob ich die Heizung anwerfen soll, vollbringt die Sonne eine Meisterleistung. Innerhalb einer Stunde ist es bereits so warm, daß wir auf unserem Wiesenplatz zwischen den Pappeln frühstücken können.
Wenig später zockeln wir hinter einer Schafherde zur LE.142 zurück, wo es nach links keine 2km mehr bis zum Pilgerdörfchen MOLINASECA sind.

Molinaseca, Pilgerbrücke

Gleich am Ortseingang stellen wir bei einer dreieckigen Verkehrsinsel das WOMO ab und gehen über die PLAZA DE SANTO CHRISTO, links an einem Steinkreuz vorbei, in die CALLE REAL hinein. Es ist natürlich nur eine Hauptstraße im mittelalterlichen Sinne, zwei Ochsen breit, sauber mit großen Steinplatten gepflastert. Wie schön, daß die LE.142 um das Dörfchen herumgeführt wurde, so können wir wie in einer Fußgängerzone das Leben und Treiben beobachten, die winzigen Balkone und die steinernen Wappen an den Adelshäusern bestaunen. Am Ende der Straße

El Acebo, "Hauptstraße"

die PUENTE DE LOS PEREGRINOS, an der vorbei wir kurz
darauf die Serpentinen hinaufbrausen, in kurzer Zeit
von 600m über NN auf über 1500m am CRUZ DE FERRO
emporkletternd.
Vorher passieren jedoch, wie so oft, gleich mehrere
erstaunliche Dinge gleichzeitig! Erschrocken bringe
ich das WOMO in dem in seinem Zerfall malerischen
Nest EL ACEBO, direkt neben dem Dorfbrunnen, zum
Stehen. Hier führt die "Hauptstraße" mitten hin-
durch, der Straßenbelag ist jedoch seit der Pilger-
zeit unverändert - Naturboden, mit Steinen und
Geröll durchsetzt. Dadurch kam das WOMO so ins
Schwanken, daß ich kaum verhindern konnte, den na-
türlichen Zerfall der Holzbalkons zu beschleunigen.
Sind wir hier wirklich richtig?
Eine Abordnung erkundet den weiteren Verlauf der
"Straße", kehrt nach kurzer Zeit mit Verstärkung in
Gestalt eines Pilgerpärchens zurück. Ja, richtigen
Pilgern, einem holländischen Ehepaar, das seit meh-
reren Wochen bereits zu Fuß nach SANTIAGO unterwegs
ist. Von ihnen erfahren wir nicht nur, daß der
Straßenzustand sich hinter dem Dörfchen schlagartig
wieder verbessert, sondern sehen auch zum ersten Mal
den tollen "GUIA DEL PEREGRINO", der den gesamten
Pilgerweg von der französischen Grenze bis nach
Santiago beschreibt, bebildert und auf Detailkarten
darstellt.
Vorsichtig, jeden Balkon einzeln fixierend, gebe ich
erneut Gas. Wunderbar, da ist wieder das Teersträßchen, schmal zwar, auch manchmal löcherig, aber
prinzipiell gut zu befahren. Weiter gehts aufwärts,

Cruz de Ferro

langsam erweitert sich der Horizont, wie riesige
Wellen umgeben uns die MONTES DE LEON.
Eine Militärbasis liegt links, jetzt
ist plötzlich der Weg in ausgezeichne-
tem Zustand - Pilger brauchen nicht so
gute Straßen wie Soldaten.
Und da steht es vor uns - das CRUZ DE
FERRO, das Zeichen für jeden Pilger:
Der höchstgelegene Fleck der Pilgerrei-
se seit den Pyrenäen ist erreicht. Wir
folgen der französischen Aufforderung:
"Jetez votre pierre!" und bereichern
den Steinhügel mit dem kleinen Eisen-
kreuz auf der langen Stange um ein paar
weitere Exemplare. Wie viele mögen es
schon sein? Tausende, Zehntausende,
Millionen?
Nun geht es hinab. In Schleifen nähert
sich das Sträßchen dem verlassenen
Dörfchen FONCEBADON, führt an ihm vorbei. Wir lassen das WOMO am Straßenrand
stehen, gehen ein paar Schritte durch
die Pilgerstraße, besser gepflastert
als in EL ACEBO. Kein Mensch, kein
Tier, Totenstille. Und doch glaube ich
gerade hier die schlurfenden Schritte
der Millionen von Pilgern zu hören, die
einst diesen Weg emporstapften, sich
auf ihren Stab stützend am Brunnen ihre
Kalebasse füllten.
Weiter zieht die Straße zu Tale, über

RABANAL DEL CAMINO und EL GANSO erreichen wir die
N.VI bei ASTORGA. Bereits die Römer wußten ihr
"Asturica Augusta" mit starken Mauern zu befestigen,
als Pilgerstation war (und ist) die Stadt von
Bedeutung.

Astorga, Palacio Episcopal

Für eine kurze Stippvisite ASTORGAS biegen wir nach
links in die N.VI ein, um nach kurzer Fahrt hügelan
nach rechts dem Wegweiser "N.120 LEON" zu folgen.
Kurz darauf erblicken wir rechts die alte Stadtmauer. Hier können wir bequem parken, und nach wenigen Schritten stehen wir schon vor dem Renaissance-
Portal der Kathedrale. Erst im Kirchenschiff wird an
den hochstrebenden Bündelpfeilern der gotische Bau-
beginn erkenntlich. Mehr Interesse findet bei uns
der erstaunliche Baustil des 1852 geborenen Antonio
Gaudi. Wir wären wohl kaum erstaunt, kämen plötzlich
vornehm gekleidete Ritterfräuleins aus dem "Palacio
Episcopal", dem Bischofspalast, denn er ähnelt ver-
blüffend der Walt-Disney-Vorstellung eines mittelalterlichen Schlosses.
Jetzt muß noch die luftige Backspezialität Astorgas
eingekauft werden. Die "mantecadas" sind winzig
kleine Kuchen, die lange halten und bestens als
WOMO-Nachmittags-Kaffee-Beilage geeignet sind.
(Für eine längere Mittagsrast in Astorga empfiehlt
es sich, die N.VI rechts hinabzufahren und an der
nächsten Ampel nicht links zum "Centrum ciudad",
sondern rechts in ein Pappelwäldchen einzubiegen.
Hier kann man schattig stehen, picknicken und sich
zu Fuß für einen Bummel durch die Stadt und auf den
Festungsmauern aufmachen.)
Die N.120 zum 50km entfernten LEON ist wie mit der
Schnur gespannt. Das WOMO, man spürt es förmlich,
genießt das erholsame Vorwärtsrollen auf ebener
Bahn.
Das Landschaftsbild hat sich inzwischen völlig ge-
wandelt. Nicht mehr der stetige Wechsel von Mais und
Kohl, die sich in winzigen Parzellen mit Fels und

Pinienwald stritten, bestimmt das Bild. Weizenfelder, abgeerntet, abgebrannt, begleiten unseren Weg.
Aber was sage ich! Felder? Ein Feld, das unsere
Straße von Horizont zu Horizont durchschneidet, bis
endlich als Aufmunterung für das gelangweilte Auge
LEON auftaucht. 5km vorher, in LA VIRGEN DEL CAMINO,
lohnt sich ein Blick auf die modernen Bronzeplasti-
ken an der Kirchenfassade. Sie wurden 1960 von dem
Spanier Subirach geschaffen.
Drei Bauwerke Leons haben wir auf unserer Liste,
eines davon ist unverzichtbar: Die rein gotische

Leon, Kathedrale

Kathedrale ist ein Traum aus Glas. Die Zahl ihrer
Fenster ist so groß, daß die Restauratoren immer
wieder vor statischen Problemen stehen. Wir jedoch
genießen das Farbenspiel, erfreuen uns an der dezen-
ten Musik, die wie das Licht den Raum durchflutet.
Nur 500 Schritte sind es bis zur ältesten romanischen Kirche Spaniens, der im XI.Jahrh. geweihten

SAN ISIDORO. Begeistert stehen wir in der Narthex, der Vorhalle, wo unglaublich leuchtende Temperamalereien die Jahrhunderte überdauert haben.

Das ehemalige Kloster SAN MARCOS mit seiner 100m langen Renaissance-Fassade "besichtigen" wir nur im Vorbeifahren. Rechts schließt sich die nie fertiggestellte Kirche an. Ihre Fassade erinnert uns wieder an den "camino", denn sie ist vollständig mit Muscheln bedeckt, dem Wahrzeichen der Santiago-Pilger. Diese nahmen keineswegs stur den kürzesten Weg zu ihrem Pilgerziel. Auch weiter abseits liegende Kirchen oder Klöster wurden, je nach Bedeutung des Schutzheiligen, zum Gebet aufgesucht.

Das wohl schönste Beispiel dafür ist SAN MIGUEL DE ESCALADA. Mönche aus Cordoba gründeten im IX.Jahrh. nach ihrer Vertreibung aus dem maurischen Spanien dieses Kloster östlich von LEON. Übrig ist heute nur noch die Klosterkirche, sie aber soll das stilreinste Beispiel eines mozarabischen Bauwerkes sein.

Wir verlassen LEON auf der N.601 Richtung VALLADOLID/MADRID, fahren auf ihr aber nur bis PUENTE VILLARENTE, wo 500m hinter der Tankstelle das "LA MONTANA" mit gegrilltem Milchlamm (lechazo asado) und Seebrassen a la Leonese auf uns wartet.

Es ist schon kurz vor Mitternacht, als wir wenige Meter weiter südlich (hinter der Brücke über den RIO PORMA) nach links in die LE.213 einbiegen, der Wegweiser "SAN MIGUEL DE ESCALADA" ist nicht zu übersehen. Strahlendes Mondlicht taucht die ländliche Umgebung in ein unwirkliches Licht. Bei MELLANZOS geht es rechts ab, und dann liegt sie völlig allein im Mondschein vor uns, die kleine Klosterkirche mit der bezaubernden Hufeisen-Bogenreihe.

Wenig später scheint ein etwas erstaunter Mond auf ein einsames WOMO neben dem Kirchlein, in dem nur noch ruhige Atemzüge ertönen.

San Miguel de Escalada

TOUR 17
Sahagun – Carrion de los Condes – Villalcazar de Sirga – Fromista – Burgos – Cartuja de Miraflores

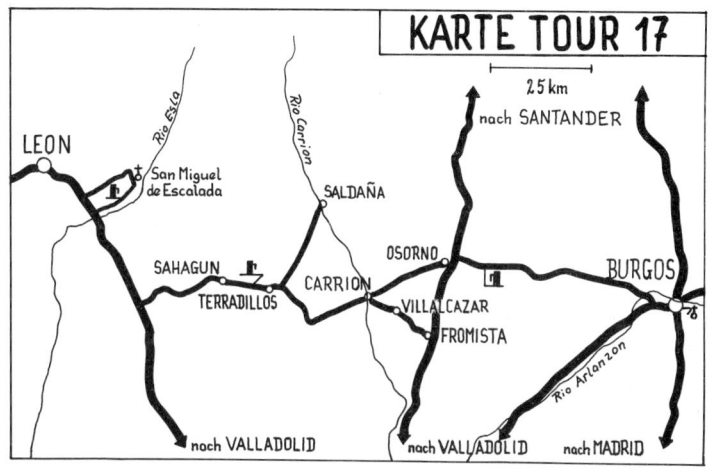

Am nächsten Morgen weckt uns der jetzt schon obligatorische Sonnenschein. Immer noch sind wir völlig allein mit unserem Kirchlein, dessen Arkaden mit den Hufeisenbögen eine verblüffende Eleganz ausstrahlen. Streit entsteht unter uns "Fachleuten" erst bei der Interpretation der Verzierungen an den Säulenkapitellen. Ich kann darin keine stilisierten Blätter erkennen, für mich sind es eindeutig Eulen!
Leider bleibt uns das Kircheninnere verborgen – Restaurationsarbeiten. Aber weder ein Arbeiter noch ein Aufseher läßt sich blicken. So führt unser Weg durch die Dörfchen SAN MIGUEL (Brunnen rechts) und VILLIGUER zurück zur Hauptstraße, in die wir wieder Richtung VALLADOLID/MADRID einbiegen.
Genau 21,5km sind es jetzt, nahezu Luftlinie, bis wir nach dem Kilometerstein 288 in die LE.911 nach SAHAGUN abzweigen. Das Auge hat sich inzwischen an die Weite, die Verlassenheit der Landschaft gewöhnt. Innerlich bleibt aber eine gespannte Unruhe, es fehlt die Geborgenheit eines nahen Horizontes, eines Tales, eines Hügels.
SAHAGUN ist ein verschlafenes Provinzstädtchen. Aber es birgt eine geradezu unglaubliche Fülle von Bauwerken im Mudejar-Stil, der Bauweise der christianisierten Araber.
Wir schwenken gleich am Ortseingang nach links und parken vor dem pompösen ARCO DE SAN BENITO. Von dort sind es nur ein paar Schritte bis zur IGLESIA DE SAN TIRSO, zur IGLESIA DE SAN LORENZO müssen wir über die PLAZA MAYOR nach SÜdosten laufen. Ganz im Süden der Stadt, aber auch nur 300m entfernt, steht die gewaltige Ruine der IGLESIA DE LA TRINIDAD. Niemand außer einem aufgeschreckten Taubenschwarm stört sich daran, daß wir eintreten, denn gerade an den gebor-

Sahagun, Iglesia de la Trinidad

stenen Bogenresten läßt sich die kunstvolle Archi-
tektur der doch ein wenig plump wirkenden Backstein-
bauten studieren.
Weiter ziehen wir auf der N.120
nach Osten. Ödes Land, so weit
das Auge reicht, nur ganz selten
ein einsamer Hof, ein verstaubtes
Dörfchen, ein kleines Wäldchen
aus niedrigen Kermeseichen, deren
Blätter mehr denen der Stechpalme
als Eichenblättern gleichen. (Bei
MORATINOS Brunnen links). Kurz
vor CARRION DE LOS CONDES, wir
haben gerade die C.615 gekreuzt,
kommen wir an die Brücke über den
RIO CARRION. Hier gibt es noch vorher eine Abfahrt
hinunter an das Flußufer, ein idyllisches Plätzchen
zum Rasten oder Übernachten.
CARRION ist in seiner Verschlafenheit ein Ebenbild
SAHAGUNS. Außer dem ehemaligen Benediktinerkloster
SAN ZOILO zwischen C.615 und RIO CARRION mit einem
prunkvollen Kreuzgang ist das Portal der Kirche
SANTA MARIA DEL CAMINO sehenswert.

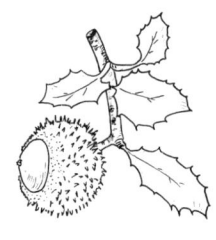

Von hier aus geht es genau nach Osten weiter auf der
P.980 Richtung FROMISTA. Das Dörfchen VILLACAZAR DE
SIRGA, das nach 7km am linken Straßenrand dahin-
schlummert, hätten wir sicher kaum beachtet, wenn
sich nicht aus der Mitte seiner paar Hütten eine
riesige gotische Kirche erheben würde. Vor dem reich
verzierten Hauptportal, dessen Statik leicht aus dem
Gleichgewicht geraten ist, so daß es mühevoll von
Stahlstangen zusammengehalten werden muß, parken wir
direkt neben dem Dorfbrunnen. Die SANTA MARIA LA
BLANCA beherbergt Grabmäler aus dem XIII.Jahrh. mit
sehr kunstvollen Steinmetzarbeiten.

Fromista, Kirche San Martin

Auch FROMISTA, das wir kurze Zeit später erreichen,
interessiert nur wegen seiner Kirche SAN MARTIN, die
mit SAN ISIDORO in LEON und der Kathedrale von JACA
zusammen den reinsten romanischen Stil verkörpert:
Rundbogenfenster, Tonnengewölbe, sparsamer Innen-
schmuck, vor allem an den Säulenkapitellen. Ein
Gotteshaus, das in seiner Schlichtheit stärker auf
mich wirkt als die überladenen Renaissancebauwerke.
Mittag ist schon lange vorbei, und das Hauptziel
unserer Tagestour liegt noch weit entfernt. So biegen wir gleich neben der Kirche nach Norden in die
N.611 Richtung SANTANDER ab, schwenken aber schon
20km weiter, kurz hinter OSORNO, wieder nach rechts
in die N.120 ein, auf der es dann noch 60km bis
BURGOS sind. Beide Straßen sind gut ausgebaut, und
wir kommen viel schneller voran als auf der direkten
Verbindung über CASTROGERIZ. Kurz vor BURGOS, der
Hauptstadt der gleichnamigen Provinz, überqueren wir
den RIO ARLANZON und fädeln uns in die N.620 aus
VALLADOLID ein. Wir bleiben südlich des Flusses, bis
wir direkt gegenüber der Kathedrale über die PUENTE
SANTA MARIA und durch das gleichnamige statuenge-
schmückte Tor auf die PLAZA DEL REY SAN FERNANDO
fahren können. Hier gibt es eine Reihe von Parkplätzen, und da uns unser Glück nicht verläßt, ist auch
ein freier dabei.
BURGOS ist eine schöne, eine lebendige, eine reiche
Stadt! Allen Sehenswürdigkeiten voran steht natürlich die himmelstürmende, gotische Kathedrale, um so

Burgos, Hauptfassade der Kathedrale

mehr, als ihr Architekt, Simon de Colonia, aus dem
Rheinland stammt und dort noch schlicht Simon von
Köln genannt wurde. Er zeichnet auch verantwortlich
für die geradezu unglaubliche Konstruktion der Vierungskuppel. Wenn man seinen Blick an den gewaltigen
Säulenschäften emporwandern läßt, die kein Ende zu
nehmen scheinen, bleibt das Auge schließlich an
einer geklöppelten Spitzendecke hängen. So wirkt die
zierliche, schwerelos scheinende Kuppel.
Hinter dem Chorumgang, in der Verlängerung des Längs-
schiffes, geht es in die CAPILLA DEL CONDESTABLE.
Man sieht sofort, daß hier ebenfalls Simon von Köln
die Regie geführt hat. Eigentlich eine Kirche für
sich, besitzt sie auch ein kleineres Ebenbild der
großen Vierungskuppel.
BURGOS will erlaufen sein! Nur wenn man wie die
Einheimischen über die PLAZA DE JOSE ANTONIO östlich
der Kathedrale und dann nach Süden bis zum PASEO DEL
ESPOLON, dem Park am Ufer des ARLANZON schlendet,

bekommt man den richtigen Eindruck von ihr und ihren
Menschen. Beim Bummel vergeht die Zeit wie im Fluge
- und wir haben noch keinen Schlafplatz! Gestern,
das einsame Klösterchen, wenn es hier auch so etwas
gäbe!?
Zunächst aber erwarten uns zwei Polizisten an unserem WOMO. Naja, besonders glücklich steht es wirklich nicht, so halb auf den Bürgersteig gequetscht,
aber ein WOMO ist eben kein Kleinwagen. Ich lege mir
eine schöne Rechtfertigung zurecht - und werde sie
nicht los. Beschämt muß ich feststellen, daß die
zwei nur deshalb neben unserem Auto stehen, um es zu
beschützen: Ich hatte beim Einparken die Scheibe
hinuntergekurbelt und sie so gelassen!
Dankbar verabschieden wir uns von den beiden, die
jetzt schon eine ganze Reihe von freundlichen spanischen Ordungshütern anführen.
Kurz darauf sitzen wir gemütlich am Rande eines
kleinen Wäldchens und singen ein Loblied auf unseren
Simon von Köln. Rechtzeitig war mir noch seine
CARTUJA DE MIRAFLORES eingefallen, ein Kartäuserklo-
ster oberhalb des Wäldchens von FUENTES BLANCAS, dem
beliebten Ausflugs- und Picknickziel 4km östlich
BURGOS. Leicht zu finden war es auch noch, wir
fuhren einfach weiter am Südufer des ARLANZON nach
Osten und achteten auf die braunen Wegweiser "cartuja" und "fuentes blancas".
Mit Blick auf das äußerlich schlichte Bauwerk genießen wir unser Abendbrot, während die letzten Aus-
flügler ihre Campingstühle zusammenpacken, um uns
später in völliger Ruhe traumlos schlafen zu lassen.

Burgos, Cartuja de Miraflores

TOUR 18
Santo Domingo de la Calzada – Logrono – Pamplona – Rio Arga – Roncesvalles

Während die Strahlen der Morgensonne gerade die
Zinnen der Klosterkirche erreichen, sitzen wir gemütlich beim Frühstück am Rande unseres Wäldchens.
Etwas weiter hinten hat sich in der Nacht noch ein
französischer Campingbus etabliert - gute Ideen
haben auch andere!
Punkt 10.30 Uhr schließt uns ein weißhaariger Mönch
das Klosterportal auf. Wir wenden uns nach links und
gelangen sofort vom Vorraum in die Klosterkirche.
Zwar setzt sich die architektonische Bescheidenheit
auch im Inneren fort, um so verblüffter sind wir
aber von dem gewaltigen Retabel, das die ganze Rück-
wand des Chores einnimmt. Zum ersten Male gelingt es
mir hier, mich von der prunkvollen Ausführung nicht
blenden zu lassen. Zu eindrucksvoll ist die Figur
des leidenden Christus, zieht den Blick geradezu
magisch an. Darunter die Grabmäler Juans II. und
seiner Gattin, Meisterwerke in weißem Marmor, die
liegenden Nachbildungen der Toten in prächtigen
Gewändern sind mit reichem Zierat umgeben.
"Was ist?" frage ich kurz darauf meine Co-Pilotin,
die mit grüblerischer Miene die Michelin-Karte studiert. "Wenn da eine Straße wäre, dann wüßte ich
eine geschickte Abkürzung zur N.120 nach LOGRONO!"
Ein schmaler Finger zeigt auf das winzige Dörfchen
CASTRILLO DEL VAL am Ende eines winzigen Sträßchens
etwa 6km östlich der CARTUJA. Wir probieren unser
Glück, fahren hinab in das Ausflugsgebiet, wo wir
an der ersten Gabelung scharf nach rechts abbiegen.
Über die Autobahn hinweg gelangen wir nach CARDENA-
JIMENO und weiter bis zum Endpunkt der eingezeichneten Straße. Auf dem Dorfplatz von CASTRILLO plätschert links ein kräftiger Wasserstrahl in ein Brun-
nenbecken. Wir hemmen ein paar Minuten die Vergeu-
dung und füllen alle Kanister. Dann wenden wir uns
unserem Hauptproblem zu, befragen die inzwischen
neugierig zusammengelaufene Landjugend. Offensichtlich sind wir dieses Jahr die ersten Touristen, die
sich hierher verirrt haben. Aber wir werden nicht
die letzten sein, denn gleich hinter dem Dorfbrunnen
zweigt nach links eine neue Straße ab, führt uns in
nördlicher Richtung nach wenigen Kilometern auf die
N.120, der wir weiter nach Osten folgen.
Nach knapp 20km, zwischen km 85 und km 86, lockt uns
ein großer Picknickplatz mit Brunnen nach rechts,
gerade richtig für ein zweites Frühstück.
Aber dann nähern wir uns dem Ort, in dem sich die
wohl eigenartigste Legende abgespielt hat, die sich
um den Jakobsweg rankt: SANTO DOMINGO DE LA CALZADA.
Wir parken im Ortskern rechts. Die Türme der goti-
schen Kathedrale sind von hier aus zu sehen, sind
uns Wegweiser für die paar Schritte zu Fuß. Wir
haben unseren Kindern nicht zu viel versprochen: Ein
goldener Käfig mit echten Hühnern, mitten in der
Kirche!
Der Legende nach war ein junger Pilger, mit seinen
Eltern unterwegs nach Santiago, in SANTO DOMINGO als
Dieb verleumdet und unschuldig gehenkt worden. Die

Santo Domingo de la Calzada, Hühnermirakel

untröstlichen, aber hilflosen Eltern zogen schließlich weiter zu ihrem Pilgerziel, fanden jedoch auf
dem Rückweg ihren Sohn noch lebend am Galgen vor.
Daß der Richter glauben wollte, daß eher seine ge-
grillten Hühner vom Tisch aufflögen, als daß ein
Gehenkter nach so langer Zeit noch leben sollte,
kann man ihm nicht verdenken. Als sich daraufhin die
Hühner mit Federn bedeckten und davonspazierten, war
der Ungläubige bekehrt und schenkte dem Gehenkten
das Leben.
Außer dem goldenen Käfig, von dessen Insassen man
nicht weiß, ob man sie bedauern oder beglückwünschen
soll, ist das Grab des Heiligen Domingo in einer
Krypta unter der Vierung sehenswert.
Weiter geht es, auf LOGRONO zu. Vor NAVARRETE erspähen wir noch links einen Brunnen, dann überqueren
wir auch schon die Autobahn und biegen kurz dahinter
auf die N.232 ein, die große Schleife unserer Nord-
Spanien-Tour hat sich geschlossen.
Zunächst geht es also auf bekanntem Weg weiter, die
südliche Stadtumfahrung erspart uns wieder die Großstadt LOGRONO, und kurz darauf sind wir auf der
N.111 Richtung PAMPLONA.
Wieder werfen wir nur sehnsüchtige Blicke hinauf
nach "ESTELLA LA BELLA", der mittelalterlichen Stadt
mit den ehrwürdigen Palästen und der Kirche SAN
PEDRO DE LA RUA mit dem vielgerühmten romanischen
Kreuzgang. PUENTE LA REINA zieht vorbei, wie alte
Bekannte winken wir zur Pilgerbrücke hinüber, bevor
wir auf der N.111 von unserer Anfahrtsstrecke abzweigen.
Am PUERTO DEL PERDON, einem nur 680m hohen Paß,
signalisiert das Ölthermometer zum ersten Mal wieder: "Bitte nicht immer Vollgas!" Dann senkt sich
die Straße, und bald liegt PAMPLONA vor uns, die
Stadt der Parks, der Sahnebonbons und natürlich der
"Sanfermines", eines Volksfestes, an dem die spanische Volksseele übersprudelt.
Am Tag des Hl. Firminus können die jungen Männer
während der "Encierros", wenn die Stiere durch die

Straßen zur Arena getrieben werden, ihrer Angebeteten (die vom sicheren Balkon aus zuschaut) ihren Mut beweisen: Wer sich einem Stier in den Weg stellt, ist der Tapferste - oder im schlimmsten Fall tot!
Wir nähern uns der ehemaligen Königsstadt Navarras von Südwesten und fahren in dieser Richtung weiter bis in die Altstadt. Rechterhand lassen wir die Kirche SAN SATURNINO mit ihren romanischen Backsteintürmen liegen und haben nach weiteren 300m die Kathedrale vor uns. Kircheninneres, Kreuzgang und darin vor allem das Portal "La Preciosa" sind reich mit Plastiken geschmückt.

Roncesvalles, Gedenkstein

Durch die CALLE DE REDIN gelangen wir zur Stadtmauer, hier kann man beim Bummeln den Blick auf die alten Festungsmauern, den RIO ARGA und den MONTE CRISTOBAL genießen.

Wir tasten uns nach Süden bis zur breiten AV. DE LA
BAJA NAVARRA durch. Auf ihr fahren wir in östlicher
Richtung weiter, den Wegweisern "FRANCIA por VALCAR-
LOS" folgend. Aufpassen, die Verkehrsführung ist
unübersichtlich!
Beim Örtchen HUARTE haben wir wieder den RIO ARGA
neben uns. Er begleitet uns die nächsten Kilometer,
während die Straße noch in der Ebene dahineilt.
Keine Lust mehr zur Weiterfahrt? Vom Ufer der ARGA
grüßen einige Fahrzeuge herauf, Zelte daneben. Dort
ließe sich sicher ein gemütlicher Übernachtungsplatz
finden.
Wir ziehen weiter, finden in ZUBIRI neben der Kirche
einen frisch grün gestrichenen Brunnen und drei
Häuser weiter einen Tante-Emma-Laden, in dem wir
unsere letzten Peseten gegen Wein, Brot und Obst
eintauschen.
Dann zwängen die vordersten Pyrenäenausläufer der
Straße die ersten Serpentinen auf, lassen ihr, wie
im Spiel, wieder etwas freien Lauf, bevor sie mit
Fels und Steigung erneut zum Angriff vorgehen. Kurz
hinter BURGUETE, dem letzten größeren Örtchen auf
spanischer Seite, ist RONCESVALLES erreicht, uns
allen aus Kindertagen bekannt. Fiel hier nicht
Roland, den Rückzug seines Herrn, Karls des Großen,
deckend? Fieberten wir nicht jedesmal, ob dieser
nicht vielleicht doch rechtzeitig zurückkehren würde, vom treuen Horn Olifant gerufen, um die maurische Übermacht zu bezwingen?
Nichts zeugt hier vom Heldentod Rolands, das Kloster
mit seinem wertvollen Kirchenschatz aus dem
XII.Jahrh. wurde erst 500 Jahre später gebaut.
Nur am PUERTO DE IBANETE, mit 1056m der höchste
Punkt unserer Pyrenäenüberquerung, erinnert ein
Gedenkstein an den Mann, dessen Heldenepos Franzosen
und Deutsche vereint.
Abwärts gehts. Nebelbänke umfangen uns, Nieselregen
setzt ein.

"Mucha lluvia?"
Bald sieht uns Nord-Spanien wieder!

TRICKS UND TIPS –
alphabetisch geordnet

Abschleppstange
Abwassertank
Adresssen
Ärztliche Hilfe
Auto siehe Fahrzeug
Autobahngebühren
Autofahrer siehe Einreise
Autohilfsdienste
Autopapiere siehe Einreise
Autowerkstätten s.Autohilfsdienste

Baby
Babykost siehe Baby
Baden
Beleuchtung
Benzin siehe Treibstoff
Bergsteigen/Bergwandern

Campingmöbel
Campingplätze s. Freies Camping
Chemikaltoilette s. Toilette

Devisen
Diesel siehe Treibstoffe
Dusche

Einreiseformalitäten
Ersatzrad siehe Reifen
Ersatzteile s. Autohilfsdienste

Fahrzeug
Filmen/Fotografieren
Flora/Fauna
Freies Camping

Gas
Gaststätten siehe Speisen
Geld siehe Devisen
Geschwindigkeitsbegrenzungen
 siehe Verkehr
Getränke
Gewicht siehe Fahrzeug

Haustiere
Höhlen

Insektenplage

Kartenmaterial
Kerze siehe Beleuchtung
Kleidung
Klima
Konserven s. Lebensmittel
Krankheit s. ärztl. Hilfe
Kühlschrank
Kulturgeschichte

Ladegerät siehe Zweitbatterie

Lebensmittel
Literatur

Medikamente

Nachrichten s. Rundfunk, Zeitung
Nacktbaden

Öffnungszeiten
Ölthermometer siehe Fahrzeug
Oktanzahl siehe Treibstoff

Packliste
Pflanzen siehe Flora/Fauna
Pilgerweg
Preise

Redewendungen
Reifen
Reisetage/Reisezeit
Reparaturbuch siehe Literatur
Rundfunk

Schlafsack
Sonnenschutzmittel
Sonnensegel siehe Campingmöbel
Spaten
Speisen
Sprache siehe Verständigung
Stecker siehe Stromspannung
Straßenverhältnisse s. Verkehr
Stromspannung
Surfen

Telefon
Temperaturen siehe Klima
Tierwelt siehe Flora/Fauna
Toilette
Treibstoffe
Trinkwasser

Uhrzeit
Urlaubszeit s. Klima/Reisezeit

Verkehr
Versicherung siehe Verkehr
Verständigung
Vorzelt siehe Campingmöbel

Wasserkanister s. Trinkwasser
Wassertemperaturen siehe Klima
Wasserversorgung s. Trinkwasser
Wechselstuben siehe Devisen
Wetter siehe Rundfunk, Klima
Windsurfen siehe Surfen
Wohnmobil siehe Fahrzeug

Zeitungen
Zelt
Zoll siehe Einreiseformalitäten
Zweitbatterie

ABSCHLEPPSTANGE/ABSCHLEPPSEIL

Unsere Autos sind immer zuverlässiger geworden,
deshalb macht man sich immer weniger Gedanken über
eine Panne.
In entlegenen Gebieten kann ein liegengebliebenes
Fahrzeug aber schon zu einem mittleren Problem werden. Gerade die extremen Bedingungen, denen das
häufig überladene Gefährt im Urlaub ausgesetzt ist
(Staub, Sand, Hitze), können zu einem Ausfall führen.
Die Hilfe nahezu jedes Verkehrsteilnehmers kann man
voraussetzen! Hier ist jeder auf die Partnerschaft
des anderen angewiesen und verhält sich auch entsprechend. Aber haben Sie sich schon einmal Gedanken
darüber gemacht, wie man 2 bis 3 Tonnen Abschleppge-
wicht mit ausgefallenem Bremskraftverstärker ein
vorher kaum beachtetes Gefälle hinabbewegt? (Bremskraftverstärker werden nur bei laufendem Motor "ge-
laden"!)

TIPS * TRICKS * TIPS * TRICKS * TIPS * TRICKS * TIPS
* Wir haben beste Erfahrungen mit unserer Abschleppstange gemacht.
* Probieren Sie sofort beim Kauf die Montage aus,
  manche Abschlepphaken sind noch nicht genormt.
* Kaufen Sie die Abschlepphilfe lieber eine Nummer
  zu kräftig. Denken Sie daran, was Sie alles zusätzlich zum zulässigen Gesamtgewicht dabei haben!
* In Spanien ist offiziell das Abschleppen durch
  Privatpersonen verboten. In entlegenen Gegenden
  sind aber Autohilfsdienste kaum zu erreichen. Also
  geht man dort mit der Verordnung auch entsprechend
  großzügig um.

ABWASSERTANK

Nicht jedermann betrachtet WOMOs mit wohlwollendem
Auge! Mit Sicherheit beschwört man jedoch Ärger
herauf und versaut den Ruf der ganzen Sippe, wenn
man sein Abwasser seelenruhig unter dem Fahrzeug
heraustrielen läßt!

TIPS * TRICKS * TIPS * TRICKS * TIPS * TRICKS * TIPS
* Bedenken Sie bei der Dimensionierung, falls ein
  Abwassertank nachträglich eingebaut werden muß:
  Größe mindestens 10 Liter x Personenzahl.
* Für die Entleerung sollte man Entleerungsöffnung
  oder -schlauch so verlegen, daß man mühelos über
  einen Gully fahren kann bzw. das Abwasser am
  Straßenrand in den Graben fließt.
* Steht man längere Zeit an einem Platz, so gräbt
  man sich unter die Auslauföffnung ein Loch von der
  Größe eines Fußballs und läßt das Abwasser langsam
  hineintropfen. Vor dem Verlassen des Platzes bitte
  wieder sorgfältig zubuddeln!
* Abwassertanks erhält man in allen Größen und For-
  men im Campingfachhandel.
* Messen Sie vor dem Kauf genau die freien Flächen
  an der Wagenunterseite aus, überprüfen Sie die Zu-

lauf- und Ablaufführungen.
* Tabu sind Bereiche genau zwischen den Achsen und
  am Wagenheck. Hier braucht das Fahrzeug eine große
  Bodenfreiheit für Fahrten durch Bodenwellen, über
  Wurzeln und herausragende Steine.

Spezialtip für Bastler
Im Baustoffhandel gibt es orange PVC-Abwasserrohre
mit verschiedenen Durchmessern, dazu passende Blind-
stutzen und Gummidichtungsringe. Findet sich für
solch ein Rohr ein Platz, z.B. quer unter dem Wagen-
boden, so erhält man den wohl preiswertesten Abwassertank.

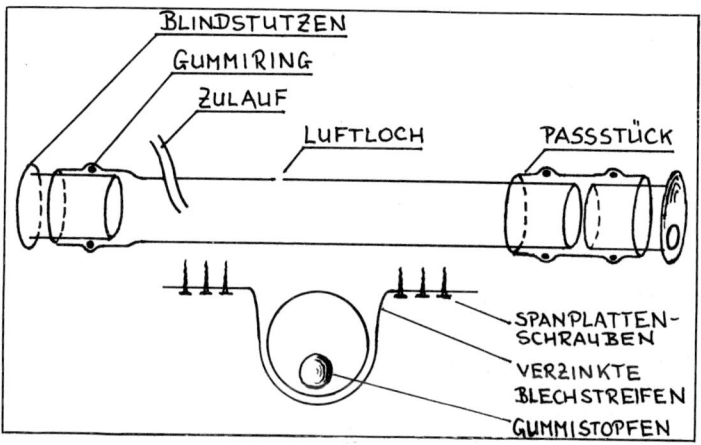

Volumenberechnung:
Rauminhalt = Rohrumfang x Durchmesser x Länge : 4

Für den Zulaufschlauch bohrt und feilt man eine
Öffnung in die Oberseite und drückt den in kochendem
Wasser erweichten Abwasserschlauch hinein. Für die
Entleerung bohrt und feilt man ein kreisrundes Loch
ganz unten in die Stirnseite des Blindstutzens auf
der rechten (!) Seite des WOMOs, passend zum größten
Gummistopfen, den man im Handel erhält.Kleines Luft-
loch für den Druckausgleich nicht vergessen! Späte-
stens wenn hier Abwasser austritt, muß der Spaten in
Aktion treten.

ADRESSEN

Kurz vor der Grenze holen wir Pässe und Grüne Karte
aus dem Geheimfach. Was tun, wenn der Paß beim
Geldholen auf der Bank liegenblieb?
Was tun, wenn die Polizei bei einem Verkehrsunfall
den Paß einzieht und man sich ungerecht behandelt
fühlt?
Was tun, wenn das ganze Geld oder sogar das Auto
geklaut wurde?
Was tun, wenn man einfach nicht mehr weiter weiß?

TIPS * TRICKS * TIPS * TRICKS * TIPS * TRICKS * TIPS
* Jeder größere Ort hat seine Touristeninformation
  (Direccion General de Promocion del Turismo,

D.G.T.). Dort erhält man nicht nur Prospektmateri-
al und Stadtpläne, sondern von den stets fremd-
sprachenkundigen Angestellten auch Rat und Hilfe.
* Die deutschen Konsulate tun in solchen Fällen
  wirklich alles, manchmal sogar mehr und vor allen
  Dingen erfolgreicheres, als man sich vorstellen
  kann.
  Deutsche Botschaft: Madrid 4, Calle Fortuny 8
  Konsulate: San Sebastian, Calle San Juan 14
             Bilbao, Plaza de los Alfereces Provisi-
             onales 1.
             Santander, Calle del Marques de la Her-
             mida.
             Vigo, Avenida Garcia Borbon 1.
* Sie möchten sich zuhause noch genauer über Ihr
  Urlaubsziel informieren? In Deutschland gibt es
  gleich vier Spanische Fremdenverkehrsämter:

  Ferdinandstraße 64-68, 2000 Hamburg 1
  Graf Adolfstraße 81, 4000 Düsseldorf
  Bethmannstraße 50, 6000 Frankfurt
  Oberanger 6, 8000 München 2
* Reichhaltiges Informationsmaterial verteilen auch
  die Automobilclubs.

ÄRZTLICHE HILFE

Krank im Urlaub? Das ist so ziemlich das letzte, was
man sich wünscht. Manchmal ist es jedoch nur das
kleine Unwohlsein, das den Tag vermiest oder es ist
ein Medikament ausgegangen. Was tun?

TIPS * TRICKS * TIPS * TRICKS * TIPS * TRICKS * TIPS
* Die meisten spanischen Ärzte sprechen französisch,
  englisch oder deutsch. Auskunft erteilt Ihnen das
  Touristenbüro.
* Freundliche Auskunft und Hilfe erhielten wir stets
  auch bei den Apothekern. Die Ausrüstung der Apo-
  theken mit Medikamenten ist gut. Wir erhielten
  alle nötigen Medikamente, auch Antibiotika, pro-
  blemlos ohne Krankenschein.
* Auskunft über die Sozialhilfeabkommen, die auch
  die ärztliche Hilfe in Frankreich und Spanien
  regeln, sowie über die Mitnahme von nötigen Papie-
  ren, erteilt die AOK.
  Privatpatienten sei angeraten, außer einer ausführlichen Rechnung eine Umtauschquittung einer
  Bank bei der Krankenkasse einzureichen. So kann
  bequem von Francs oder Peseten in DM umgerechnet
  werden.

AUTOBAHNGEBÜHREN

Was hat es für Sinn, über die ungerechten Autobahngebühren zu jammen! Man fährt eben, so oft es geht,
auf der Landstraße.

TIPS * TRICKS * TIPS * TRICKS * TIPS * TRICKS * TIPS
Frankreich
* Für Wohnmobile mit einer Höhe von mehr als 1,30m,
  gilt der Tarif 2 (PKW mit Anhänger). Zwischen
  Mülhausen und Beaune schlägt man darauf noch 15%,
  zwischen Beaune und Lyon noch 10%.

* Wir haben die Preise für die Gesamtstecken für Sie
  ausgerechnet. Sie können Sie bei den Anreiserouten
  durch Frankreich nachlesen.
* Auch die Treibstoffpreise auf den Autobahnen sind
  eine Art Extra-Gebühr. Tanken Sie rechtzeitig
  vorher.

Spanien
* An einem Nord-Spanien-Urlauber können die spanischen Autobahnbetreiber nicht viel verdienen. Sie
  haben bis jetzt fast nur Rennbahnen für französische und deutsche Mittelmeer-Urlauber gebaut.
* Beim ADAC gibt es ein Gebührenverzeichnis. Die
  Wohnmobile werden nach verschiedenen Tarifklassen
  eingestuft, die Preise sind noch höher als in
  Frankreich. Pro Kilometer sind etwa 15 Pfg. zu
  berappen.
* Bei unseren Nord-Spanien-Tour haben wir ganz auf
  Autobahnbenutzung verzichtet. Auf den verkehrsar-
  men Landstraßen des Nordens kommt man genau so
  schnell voran - und sieht mehr.

AUTOHILFSDIENSTE

Irgendwann passiert es jedem einmal: Das Auto gibt
keinen Mucks mehr von sich.

TIPS * TRICKS * TIPS * TRICKS * TIPS * TRICKS * TIPS
* In vielen Tankstellen und Werkstätten gibt es
  Mechaniker, die im Ausland gelernt haben, hier
  können Sie hoffen, daß man Sie versteht. Im übri-
  gen haben die spanischen Automechaniker den Ruf,
  auch aussichtslose "Fälle" zu bewältigen. Viele
  Ersatzteile baut man aus Schrottautos aus, statt
  sie teuer und zeitraubend zu bestellen.
* Trotzdem sollten Sie sich vor dem Urlaub von Ihrer
  Autowerkstatt ein internationales Kundendienstver-
  zeichnis besorgen lassen. Sie können ja Glück im
  Unglück haben und in der Nähe einer Reparaturwerk-
  stätte Ihrer Automarke sein.
* Der Spanische Automobilclub Real Automovil Club de
  Espana (RACE) unterhält in größeren Städten Pan-
  nendienstzentralen. Die Rufnummern stehen im Tele-
  fonbuch. Gehen Sie aber gleich zur Post - in den
  Telefonhäuschen liegen keine Telefonbücher aus.
* Bei einem Unfall (accidente) oder einer Panne
  (auxilio en carretera) ist innerorts die "Policia
  Municipal", außerorts die "Guardia Civil de Trafi-
  co" zuständig.
* Die ADAC-Notrufzentrale in München ist rund um die
  Uhr besetzt: Tel. 07*49 89/22 22 22 .

BABY

Mit einem Baby oder Kleinkind in den WOMO-Urlaub?
Wir haben nur gute Erfahrungen gemacht. Kinder än-
dern ihr Verhalten im Urlaub wesentlich weniger als
Erwachsene. (Sie kämen z.B. nie auf die Idee, sich
wie Fleisch in der Sonne braten zu lassen). Vorsicht
ist jedoch stets bei Sonnenschein, speziell im Gebirge und am Meer, angeraten.
Magen- und Darmkomplikationen bleiben meist aus,
wenn man noch Babykost füttert.

TIPS * TRICKS * TIPS * TRICKS * TIPS * TRICKS * TIPS
* Schon vor der Reise mit Sonnenbaden und Sonnen-
  creme anfangen.
* Hütchen und baumwollenes T-Shirt sind Pflicht, der
  Rest des Körpers ist wesentlich unempfindlicher.
* Nach dem Baden sofort abtrocknen, erneut mit Son-
  nenschutzcreme einreiben.
* Babykost, Windeln und spez. Medikamente (Kinder-
  arzt fragen!) von zuhause mitbringen. Selbstver-
  ständlich erhält man alles auch in Spanien, aber
  Vertrautes erspart Ärger.
* Buggy oder Babyrückentrage sind für Besichtigungen
  unentbehrlich. Kein noch so geduldiges Kleinkind
  trippelt freiwillig durch Gegenden, denen es kein
  Interesse abgewinnen kann.
* Getränkewünsche unbedingt erfüllen und zwar mit
  schwach gesüßtem Tee (als Pulver mitnehmen). Ge-
  kaufte Getränke sind oft zu zuckerhaltig, um er-
  frischend zu wirken.
* Wasser unbedingt entkeimen. (s."Trinkwasser").
* Vorsicht ist bei den beliebten "pommes" geboten.
  Sie werden fast überall in Olivenöl bereitet (wel-
  ches längst nicht so heiß werden darf wie unsere
  Friteusenfette) und triefen vor Öl. Bleiben Sie
  hart, oder decken Sie sich mit Kohletabletten ein.
* Wichtigste Urlaubsutensilien für Ihr Kind sind:
  Lieblingsschmusetier, Sandelsachen, Schwimmflügel,
  Schwimmreif, Malsachen für die Fahrt.

BADEN

Stellen Sie sich vor, Sie stünden in stockdunkler
Nacht an einer Meeresküste. Könnten Sie zwischen
Mittelmeer und Atlantik unterscheiden?
Sehen Sie, kein Problem! Ein richtiges Meer braust
ganz anders als eine Badepfütze. Warum verhalten
sich dann aber so viele Badegäste nicht auch entsprechend anders?

TIPS * TRICKS * TIPS * TRICKS * TIPS * TRICKS * TIPS
* Schwimmen Sie nie abgehetzt oder mit vollem Magen
  weit hinaus. Kein Mensch sieht Sie zwischen den
  Wellenbergen.
* Folgen Sie unbedingt den Anweisungen der
  Rettungsschwimmer, die an vielen Stränden Dienst
  tuen. Achten Sie auf die Farbe ihrer Signalfahnen:
  Rot : Lebensgefahr (oder Aufsicht nicht anwesend).
  Gelb: Vorsicht beim Baden, Kinder beobachten.
  Grün: Ruhige See.
* Der Tidenhub (Wasserstandsdifferenz zwischen Ebbe
  und Flut) beträgt an der nordspanischen Küste bis
  zu sechs Metern. Entsprechend stark kann der
  ablandige Sog bei einsetzender Ebbe sein. Beachten
  Sie unbedingt Badeverbote und Warntafeln.
* Manche Brillenträger schwimmen nie ohne ihre Seh-
  gläser. Binden Sie die Bügel hinter dem Kopf mit
  einer Schnur zusammen. (Es gibt auch entsprechende
  Halterungen beim Optiker). Eine Reservebrille ist
  trotzdem dringend nötig!
* Seeigel gibt es an Sandstränden kaum. Für Klette-
  reien in den angrenzenden Felsenpartien sind jedoch Badeschuhe erforderlich.

* Der Atlantik ist Ihnen für Ihre Kinder zu gefährlich? Die vielen Stauseen NordSpaniens bieten
Ihnen ruhigere Badefreuden.

BELEUCHTUNG

Rotviolett versinkt die Sonne im Meer, nach sehr
kurzer Dämmerung ist es stockfinster. Erst wenn der
Mond aufgeht, findet man auch nachts den Weg zum
Fahrzeug zurück.
Zum ständigen Inventar eines WOMOs müssen also gehören: Taschenlampe(n), Kerzen, Petroleumlampe und
natürlich die 12-V-Innenbeleuchtung.

TIPS * TRICKS * TIPS * TRICKS * TIPS * TRICKS * TIPS
* Bei der Innenbeleuchtung spart man viel Batterie-
strom, wenn man statt der herkömmlichen Glühbirnen
Lampen mit transistorgesteuerten Leuchtstoffröhren
verwendet.(Vierfache Stromausbeute!).
* Viele sagen: Petroleum stinkt! Das sog. Duftpetro-
leum enthält nur noch Spuren der stinkenden Erdöl-
anteile und ganz nach Wunsch zusätzliche Duftstof-
fe. Petroleumlampen sind die ideale Beleuchtung
vor dem WOMO. (1 Liter Vorrat reicht).
* Steckt man eine dicke Stummelkerze in einen glä-
serne Bierseidel (Senfglas), so hat man ein preiswertes Windlicht. Es tut vor allem nachts gute
Dienste, wenn die Kinder gerade so schön schlafen
und verbreitet die beste Stimmung.
* Zuverlässiger Nothelfer ist auch eine Dynamo-
Taschenlampe. Ohne Batterien tut sie ihre Dienste
mit Schwungradantrieb.
* Für jede Lampe stets eine Reservebirne/Reserve-
röhre/Reserveglaszylinder in Vorrat halten.
* Licht verbreitet auch ein malerisches Lagerfeuer.
VORSICHT!!! Halten Sie übergroßen Abstand zu allem
Brennbaren. Zu schnell kann ein plötzlicher Wind-
stoß Funken über viele Meter hinwegstragen. Wald-
brände sind in Spanien an der Tagesordnung!
* Gehen Sie zu keiner Besichtigung ohne Taschenlampe
in der Handtasche. Die meisten Kirchen sind nur
kümmerlich beleuchtet, viele Kunstschätze sind
kaum erkennbar.

BERGSTEIGEN/BERGWANDERN

Nach der Schweiz ist Spanien das gebirgigste Land
Europas. Die landschaftlich schönsten Gebirgsgegenden wurden schon frühzeitig als Nationalparks
geschützt und mit markierten Wanderwegen der Bevölkerung zugänglich gemacht.
Touristische Einrichtungen, die mit dem Auto er-
reichbar sind, gibt es jedoch nur vereinzelt in Form
staatlicher Hotels (Parador). Reichlich ausgestattet
sind die bekannteren Gebiete mit, meist allerdings
unbewirtschafteten, Berghütten (Refugio), die jedoch
erwandert werden wollen.
Leider ist der Zustand bzw. der Schwierigkeitsgrad
eines Wanderweges kaum von den vorhandenen Wanderkarten abzulesen. Nie können Sie sich sicher sein,
ob Sie auf einem eingezeichneten Weg Ihr Ziel auch
ohne Kletterausrüstung erreichen.

Trotzdem muß man dankbar sein, daß es überhaupt
einigermaßen vernünftige Karten im Maßstab 1:25.000
gibt.

TIPS * TRICKS * TIPS * TRICKS * TIPS * TRICKS * TIPS
* Glauben Sie nicht, bei spanischen Zweiteinhalbtau-
  sendern auf Bergschuhe, Anorak, Rucksack mit Feld-
  flasche, Proviant und Kompaß verzichten zu können.
* Die gängigsten Wanderwege sind mit Farbklecksen
  markiert, manchmal sind Steinmännchen angehäuft,
  Wegweiser gibt es nur ganz vereinzelt.
* Abseits der Haupttrampelpfade begegnen Sie kaum
  einem Menschen. Gehen Sie deshalb nie allein auf
  Tour. Wenn Sie sich verirren oder verletzen, findet Sie so bald niemand!
* Gebirge haben nie beständiges Wetter. Brechen Sie
  eine längere Tour lieber ab, wenn das Wetter umzu-
  schlagen beginnt. Regen, ja sogar Schneefall oder
  Hagelschauer, aber auch dichter Nebel können zu
  wahrhaft ungemütlichen, mit Kindern zu unverant-
  wortlichen Situationen führen.
* Jede Wandertour, sei sie ein Gipfelsturm oder eine
  mehr gemütliche Rundwanderung, belohnt Sie mit
  atemberaubenden Blicken auf eine grandiose Landschaft.
* Für die erforderlichen Wanderkarten s."Kartenmaterial".
* Weitergehende Fragen beantwortet Ihnen gerne der
  Spanische Bergsteigerverband:
                 Federacion de Montanismo
                   Alberto Aguilera 3
                   E-28015 MADRID

CAMPINGMÖBEL

So komfortabel auch manches WOMO eingerichtet ist,
im Freien sitzt es sich meist doch ungezwungener,
der Freiraum ist einfach größer.
Andererseits will man auch nicht den Eindruck eines
Dauerlagers erwecken und vor der Weiterfahrt nicht
stundenlang einräumen. Auf Campingtisch und -stühle
sowie ein großes Sonnensegel sollte man jedoch nicht
verzichten!

TIPS * TRICKS * TIPS * TRICKS * TIPS * TRICKS * TIPS
* Sparen Sie nicht bei den Campingmöbeln, nehmen Sie
  Aluminium! Es ist leichter und hält viel länger.
* Die Sonne scheint morgens und abends ganz flach
  unter das Sonnensegel. Deshalb muß es in seinen
  Ausmaßen reichlich dimensioniert sein. Es sollte
  über die ganze Länge des Fahrzeugs reichen und
  eine Tiefe von 2,50m haben. Auch hier sollten die
  Aufstellstäbe aus Alu sein. Teleskopstangen helfen
  Platz zu sparen.
* Oft ist es günstiger, sich das Sonnensegel nach
  den Maßen des Fahrzeugs schneidern zu lassen oder
  selbst zu nähen. Wählen Sie dann Dralon-Stoff! Er
  ist völlig unempfindlich gegen Feuchtigkeit und
  schimmelt nicht. Seitliche Lochung ermöglicht ein
  "Abhängen" eines Teils gegen Morgen- und Abendson-
  ne.

* Ein komplettes Vorzelt halten wir für überflüssigen Ballast.

DEVISEN

Bargeld in einheimischer Währung oder der des Urlaubslandes, Euroscheck, Reiseschecks oder, oder? Vor jeder Reise das gleiche Problem?

TIPS * TRICKS * TIPS * TRICKS * TIPS * TRICKS * TIPS
* Für die Anfahrt durch Deutschland und Frankreich muß genügend Bargeld vorhanden sein, um Treibstoff sowie eventuelle Gaststätten- und Übernachtungskosten bezahlen zu können. Französische Francs tauscht man also vor Urlaubsantritt ein, der Kurs ist in Frankreich auch nicht günstiger.
* Hin- und Rückfahrt durch Frankreich ergeben eine Strecke von etwa 2000 - 2500km, die Treibstoffkosten werden also bei einem Verbrauch von 15 l pro 100km bei etwa 2000 Francs liegen, Dieselfahrer kommen günstiger weg.
* Peseten bekommt man in Spanien wesentlich billiger als bei uns. Also nehmen wir nur ein "Startkapital" von 5000 Ptas (etwa 100 DM) mit und tauschen bei Bedarf im Urlaubsort um.
* Wir haben die besten Erfahrungen mit unserem Postsparbuch gemacht. Ohne irgendwelche Gebühren bekommt man in jedem Postamt, aber auch bei den in Spanien separat geführten Postsparkassen (caja postal) sein Geld zu einem günstigen Kurs. Zudem ist die Post in der Regel von 6-13.30/16-19 Uhr (auch samstags) geöffnet, während die Banken nur montags bis freitags von 9-14 Uhr aufgesucht werden können. Außerdem bekommt man für sein Geld auf dem Postsparbuch Zinsen.
* Euroschecks müssen in der Landeswährung ausgestellt werden. Einen Kursvorteil hat man also nicht, manchmal werden auch noch (unterschiedliche) Bearbeitungsgebühren erhoben. Zu Hause bekommt man dann noch einmal 1,75%, mindestens aber 2,50 DM Gebühren pro Scheck aufgebrummt.

DUSCHE

Eine eingebaute Duschkabine im WOMO ist eine feine Sache, wenn man mal von den Kondenswasserproblemen in der kalten Jahreszeit absieht. Verzichten kann man aufs Duschen auch nicht, mit der Zeit bildet sich auf der Haut vom Baden eine Salzschicht.

TIPS * TRICKS * TIPS * TRICKS * TIPS * TRICKS * TIPS
* Haben Sie eine eingebaute Dusche, so stecken Sie den Kanister mit dem Duschwasser in einen schwarzen Plastikbeutel und stellen diese "Solareinrichtung" in die (hoffentlich scheinende) Sonne. Auf diese Weise wärmt sich Ihr Duschwasser von selbst und Sie können eine Menge Gas sparen.
* Praktisch ist auch der Einbau einer kleinen Außenwandklappe, durch die Sie den Duschschlauch ziehen und das Wasser an- und abstellen können. So sparen Sie sich in der Duschkabine lästige Reinigungsarbeiten.

* WOMO-Fahrern ohne Dusche ist gut mit der Mobildusche geholfen (Camping-Fachhandel). Sie besteht
aus einem Teleskop-Alurohr mit Brausekopf, Schläu-
chen und Anschlußstutzen für fast alle Wasserkanister. Das warme Wasser (Herstellung s.o.) wird mit
Hilfe eines Tretbalges hochgepumpt.

EINREISEFORMALITÄTEN

Für Urlauber aus Deutschland, Österreich oder der
Schweiz gilt folgendes: Personalausweis, Führerschein, Kraftfahrzeugschein und Grüne Versicherungs-
karte nicht vergessen.

TIPS * TRICKS * TIPS * TRICKS * TIPS * TRICKS * TIPS
* Reisebedarf für den persönlichen Gebrauch kann
zollfrei eingeführt werden, Reiseproviant in klei-
nen Mengen. Nach unseren Erfahrungen werden
Campingartikel und -proviant nicht beanstandet.
Alkoholika bringt man ja nicht mit, die sind in
Spanien viel billiger.
* Hochwertige Geräte wie Fernseher, Radios, Videoge-
räte werden manchmal mißtrauisch beäugt. Zu groß
ist die Versuchung, sie im Lande gewinnbringend zu
veräußern. Man kann von Ihnen verlangen, daß Sie
den Gegenwert bar als Zollgarantie hinterlegen.
* Für die Mitnahme von CB-Sprechfunkgeräten muß eine
Genehmigung eingeholt werden bei der:
Direccion General de Correos y Telecomunicacion,
      Seccion de Contratacion y Autorizaciones
            Plaza de la Cibeles
            E-28014 MADRID
* In Spanien besteht Auto-Versicherungspflicht nur
für Personenschäden. Die Deckungssumme beträgt pro
Person lächerliche 26.000 DM. Überlegen Sie, ob
unter diesen Umständen nicht der Abschluß einer
kurzfristigen Vollkasko- und Insassenunfallversi-
cherung angeraten ist.
Falls Sie mit einem geliehenen Fahrzeug nach
Spanien einreisen möchten, brauchen Sie eine
Vollmacht des Besitzers. Diese müssen Sie
beglaubigen lassen bei:
            Spanische Botschaft
            Schloßstraße 4
            5300 BONN
            Tel. 0228/217094

FAHRZEUG

Wenn das Auto nicht mehr läuft, "läuft" gar nichts
mehr im Urlaub. Nur das beruhigende Gefühl, alles
getan zu haben, damit Motor, Zündanlage, Reifen und
Fahrgestell mehrere tausend Kilometer ohne Murren
durchhalten, kann streßfreie Urlaubstage garantie-
ren.

TIPS * TRICKS * TIPS * TRICKS * TIPS * TRICKS * TIPS
* Kundendienst vor dem Urlaub nicht vergessen;
besonders wichtig:
Ölwechsel mit HD 20/W50, abschmieren, Luftdruck,

Ventilspiel, **2 x** Batteriedienst.
* Ersatzteile mitnehmen (evtl. als Paket von der Werkstatt mit Rückgaberecht bei Nichtgebrauch):
        * Gaszug
        * Bremsseil
        * Unterbrecherkontakte
        * Reservezündkerzen
        * Reserve-Birnenset komplett?
        * Reserve-Keilriemen
        * Ersatz-Sicherungen
* Pannenausrüstung komplett?
        * Reservekanister 20 Liter, voll?
        * 1-2 Liter Öl
        * Reserverad mit Profil, Luftdruck o.k.?
        * Ersatzschlauch (auch bei schlauchlosen Reifen!)
        * Abschleppstange, ausprobiert?
        * passender Wagenheber, ausprobiert?
        * Warndreieck
        * Warnblinkleuchte
        * Erste-Hilfe-Koffer komplett?
        * Werkzeugkoffer komplett?
        * Verzeichnis der Auslandskundendienst- stätten meiner Automarke, neu!
        * Reparaturbuch
* Scheibenwaschanlage gefüllt, "Scheibenkratzer" mit Gummilippe und Schaumstoffwulst (Insekten!) vorhanden?
* Ölthermometer vorhanden?
* Feuerlöscher o.K.?
* Am Tag vor der Abfahrt mit allen Teilnehmern und dem fertig gepackten WOMO auf die öffentliche Waage fahren (z.B.Raiffeisenlager). Übergewicht, wenn möglich, vermindern. Jedes Kilo zusätzliches Gepäck erhöht nicht nur den Treibstoffverbrauch, sondern beeinflußt Fahrverhalten, Bremsweg, Lenk- barkeit und Steigfähigkeit negativ.

FILMEN/FOTOGRAFIEREN

Zweifelsohne verstärken die mitgebrachten optischen oder sogar akustischen Urlaubserinnerungen die Vor- freude auf die nächste Reise. **Für jegliches Foto/ Filmmaterial gilt: Reichlich von zuhause mitbringen,** die Preise in den Urlaubsländern sind stets höher, von der Auswahl ganz zu schweigen.

TIPS * TRICKS * TIPS * TRICKS * TIPS * TRICKS * TIPS
* Kaufen Sie rechtzeitig Filmmaterial, nutzen Sie Sonderangebote im Frühjahr. Im Kühlschrank hält das Filmmaterial jahrelang, ohne zu altern.
* Fotografieren Sie die Natur und Ihre Lieben und filmen Sie, wie das WOMO die Piste zum Strand bezwingt. Das Innere von Kirchen, Köstern oder gar Höhlen bekommen Sie bestens ausgeleuchtet auf ausgesprochen preiswerten Postkarten und Dias.
* Denken Sie an einen Vorrat der benötigten Batte- rien.
* Packen Sie die belichteten Filme wieder in das Alu-Papier und verstauen Sie sie an der kühlsten und dunkelsten Stelle im WOMO, zur Not im Kühl-

schrank. Kommen Sie nicht auf die Idee, sie mit
der Post nach Hause zu schicken - Sie werden sonst
zuhause auf Ihre Filme warten müssen.
* Schauen Sie öfter nach dem Objektiv. Seeseitiger
Wind bläst Salzwasserspritzer auf die Linse. Vorsichtig mit einem angefeuchteten Läppchen abtup-
fen, dann trockenwischen.
* Falls Sie keinen Belichtungsmesser haben: Bei 100
ASA (21 DIN) ist am Meer und im Gebirge Blende 16
sowie 1/100 sec. immer richtig, wenn die Sonne
scheint.
* Auch Unterwasseraufnahmen sind ohne großen Aufwand
möglich. Im Fachhandel gibt es Wasserschutzetuis
bis 10 m Tauchtiefe.

FLORA/FAUNA

Die Tier- und Pflanzenwelt von Spaniens Gebirgen und
Küsten ist uns zum Teil völlig fremd. Es lohnt sich,
ihr mehr als einen Blick zu schenken.
Vor allem beim Spiel am Strand, aber auch bei den
Gebirgstouren trifft man auf vieles, was einem
unbekannt ist. Gut gestaltete Bestimmungsbücher (s.
"Literatur") machen es auch dem Laien leicht, sich
zurechtzufinden.

TIPS * TRICKS * TIPS * TRICKS * TIPS * TRICKS * TIPS
* Bei Ihrer Rundfahrt durch Nord-Spanien werden
Sie zwei völlig verschiedene Klimazonen durchqueren. Die Gebiete, die dem Einfluß des Atlantik
direkt ausgesetzt sind, also die Küstenstreifen
Asturiens und Galiciens, haben maritimes Klima.
Durch häufigeren Niederschlag entstand das immer-
grüne Spanien; mitteleuropäische Laubbäume, aber
auch Fichten und Kiefern sowie der zur Aufforstung
bevorzugte Eukalyptusbaum bestimmen das Waldbild.
Dazwischen liegen, in sattem Grün, Wiesen, Mais-
und Kohlfelder, oft in winzigen Parzellen. Ähnlich
ist das Bild im Pyrenäenbereich.
* Das Meseta-Tafelland südlich davon, vom Regen ab-
geschirmt durch das Kantabrische Randgebirge,
zeichnet sich durch heiße, trockene Sommer aus,
Wassermangel ist das große Problem der Landwirt-
schaft. Zur Urlaubszeit bestimmen endlose, meist
schon abgeerntete, öde Weizenfelder das Bild. Nur
selten bekommt man ein kleines Wäldchen aus immer-
grünen Stein- oder Stecheichen zu sehen, durch
Raubbau und intensive Weidewirtschaft wurden weite
Gebiete der Erosion überlassen, von der Tierwelt
entvölkert. Bewundernswert sind die immensen An-
strengungen zur Wiederauffostung.
* Die Tierwelt der Nationalparks ist geschützt und
konnte sich dort wieder entfalten. Trotzdem muß
man schon viel Glück haben, um einen Steinbock
oder ein Exemplar der Spanischen Gemse zu erblik-
ken.
* Dafür ist die Tier- und Pflanzenwelt der Meeresküste jedem Urlauber um so näher, die starken Gezei-
tenunterschiede machen eine Beobachtung besonders
leicht.

* Hier läßt sich auch vieles sammeln! Muscheln, Schnecken, der Schulp des Tintenfisches sowie die vertrockneten Überreste von Krebsen und Seesternen sind beliebte Fundobjekte der kleinen (und großen) Kinder. (Bestimmungsbücher s."Literatur").

FREIES CAMPING

"ACAMPADA LIBRE. PROHIBICION DE PRACTICARLA CERCA DE LOS CAMPAMENTOS, PLAYAS, RIOS Y POBLACIONES, ETC." Es ist nicht schwer zu verstehen, was von dieser offiziellen Erlaubnis für Freies Camping zu halten ist. Gestattet ja, aber überall dort nicht, wo man gerade möchte.
Wie sieht die Praxis aus?

TIPS * TRICKS * TIPS * TRICKS * TIPS * TRICKS * TIPS
Frankreich
* Das Freie Campieren ist in Frankreich verboten. Die einmalige Übernachtung im WOMO wird jedoch geduldet. Wir haben nie einen Polizisten gesehen, geschweige denn Probleme gehabt.
* "Wo kein Kläger, da kein Richter!" Fahren Sie noch bei Tageslicht von der Hauptstraße ab und suchen Sie sich in ein paar hundert Meter Entfernung einen Wald- oder Wiesenweg, wo Sie von der Straße sichtgeschützt sind. Kein Mensch wird sich um Sie kümmern.
* Bequeme Übernachtungsgelegenheiten bieten auch die Rastplätze mit dem blauen Baum-Tisch-Bank-Symbol. Als besonders idyllischer Platz ist uns im Massif Central das Ufer des Lot nördlich von La Mothe in Erinnerung.
Nord-Spanien
* Die Touristen sind in Nord-Spanien noch dünn gesät. Deshalb wird auch kein Polizist einen WOMO-Fahrer ohne Grund ernsthaft verärgern.
* Auf unseren Fahrten sind wir häufiger Polizisten begegnet und haben in vielen Gesprächen Informationen gesammelt. Im schlimmsten Fall sprach man von "wegschicken", Strafen wurden uns nicht bekannt.
* Uns selbst sind nur freundliche Polizisten begegnet, wir wurden nie behelligt. Stattdessen wurden wir gefragt, ob es uns gefiele und ob wir wiederkommen würden.
* An den meisten Stellen gibt man sich große Mühe um saubere Strände, Mülleimer stehen reichlich herum. Es ist auch eine Frage des persönlichen Engagements, wie lange man noch so freundlich zu den WOMO-Touristen sein wird. BITTE! Sorgen Sie mit dafür, daß die WOMO-Fahrer den guten Ruf behalten, den sie offensichtlich in Nord-Spanien haben! Machen Sie lieber mehr Dreck weg, als Sie selbst gemacht haben, als umgekehrt!
* Sollte sich wirklich einmal ein Polizist mit Ihnen anlegen wollen, so weisen Sie ihn freundlich darauf hin, daß Sie hier nicht campieren, sondern lediglich baden und am nächsten Tag weiterfahren werden. Zeigen Sie ihm Ihren Müllbeutel und Ihren

Abwassertank, und versuchen Sie ihm vor allem klar
zu machen, wie gut es Ihnen in seinem Heimatland
gefällt. Wenn es ein echter Spanier ist, wird er
Ihnen noch viel Spaß in Espana wünschen und weiterfahren.

Campingplätze in Frankreich:
Frankreich besitzt etwa 5000 Campingplätze, mehr als
jedes andere Land der Welt. Besonders preiswert sind
die von den Gemeinden eingerichteten "Camping Municipal". Wer sich nicht die Mühe machen will, nach
einem eigenen Plätzchen zu suchen, der ist dort
sicher gut aufgehoben.

Campingplätze in Nord-Spanien
An unserer Rundstrecke durch Nord-Spanien liegen
etwa 40 gut ausgestattete Campingplätze, vor allem
natürlich an der Küste. Besonders dicht gepackt
sind sie zwischen der französischen Grenze und Santander. Die Preise gleichen denen auf deutschen
Plätzen oder liegen noch etwas höher, die Ausstat-
tung ist meist gut.

GAS

Außer der Zweitbatterie die einzige Energiequelle
beim Freien Camping. Bei einer vierköpfigen Familie
muß man mit einem Gasverbrauch von 3 kg pro Woche
rechnen. Einen ordentlichen Happen "frißt" davon der
Kühlschrank.

TIPS * TRICKS * TIPS * TRICKS * TIPS * TRICKS * TIPS
* Sie haben eine graue Camping-Europa-Umtauschfla-
  sche? In Nord-Spanien tauscht sie Ihnen niemand
  um!
* Die in Spanien an allen Ecken herumstehenden oran-
  gefarbenen Propangasflaschen werden nur gegen
  gleiche getauscht. Die Anschlüsse passen nicht!
  Was tun?
  1.Möglichkeit:
  Sie leihen sich zuhause bei Ihrem Flaschner eine
  zusätzliche 11-kg-Flaschen. Oft wird eine Leih-
  gebühr verlangt.
  2.Möglichkeit:
  Sie haben nur Platz für eine 11-kg-Flasche, brauchen aber mehr Gas?
  Fahren Sie mit Ihrer einen Flasche los, nehmen Sie
  aber einen Zwischenstutzen für den Anschluß einer
  kleinen, blauen Camping-Gaz-Flasche mit. Diese
  können Sie preiswert überall in Frankreich und
  Spanien erwerben und tauschen. Die Füllung ist
  billiger als die der Propangasflaschen in Deutschland. Kommen Sie aber nicht auf die Idee, sie mit
  in den nächsten Winterurlaub zu nehmen. Butangas
  siedet bei 0 Grad und ist deshalb bei Temperaturen
  unter Null nicht zu verwenden.

GETRÄNKE

Kein Land auf der Welt hat eine größere Weinanbau-
fläche als Spanien. So ist es kein Wunder, daß auch
für den ärmsten Spanier eine Mahlzeit ohne Wein
undenkbar wäre. Selbst zum preiswertesten Menü
gehört in jeder Gaststätte ein Viertel Roter.
Sie sind kein Weintrinker? Schade! Aber selbstver-
ständlich erhalten Sie auch Bier, Mineralwasser und
Fruchtsäfte in jedem Lokal.

TIPS * TRICKS * TIPS * TRICKS * TIPS * TRICKS * TIPS
* Weinkennern eine bestimmte Marke zu empfehlen, ist
  bei der Fülle des Angebots unmöglich. Beginnen Sie
  mit einem roten Rioja und probieren Sie sich
  durch!
* Sie legen mehr Wert auf einen preiswerten, bekömm-
  lichen Tischwein? Dann machen Sie es wie die Einheimischen und verlangen Sie den "vino de la casa"
  (oder "vino de mesa"). Hier haben Sie noch die
  Wahl zwischen "vino blanco"(Weißwein), "vino tinto"(Rotwein) und "vino rosado" oder "clarete"
  (Weißherbst).
* Bier wird in winzigen Fläschchen angeboten, meist
  0,25 Liter. Auch in Geschäften sucht man nach
  größeren Gebinden fast immer vergeblich.
* Ausgesprochen fruchtig und nicht zu süß sind die
  "lemon"-Fruchtsaftgetränke. Die Firmen KAS und
  SCHWEPPES scheinen den Markt unter sich aufgeteilt
  zu haben. Leider werden sie häufig nur in riesigen
  Plastikflaschen verkauft, die dann den Müllbeutel
  blockieren.
* Weltberühmt sind die spanischen Brandys. Selbst
  bei den preiswerten Angeboten fährt man nicht
  schlecht.
* Ihr Vorrat an Kaffee ist bald erschöpft? Passen
  Sie auf, daß Sie beim Nachkaufen nicht gesüßten
  Kaffee erwischen, der sehr häufig angeboten wird.
* Wer gern Sirup verwendet, um Gewicht zu sparen,
  muß Vorrat von zuhause mitbringen. Noch nicht
  einmal Orangensirup gibt es im Land der Apfelsi-
  nenwälder.
* Auch Zitronentee-Pulver haben wir nur selten ge-
  sichtet. Es ist immer noch unser Lieblingsgetränk,
  vor allem auf Wanderungen, weil es nahezu nichts
  wiegt und erst vor Ort mit frischen Quellwasser
  angemischt wird.

HAUSTIERE

Hunde, Katzen und was sonst noch als Haustier
kreucht und fleucht, darf man mit nach Spanien bringen, wenn die Einreisepapiere stimmen.
Verlangt wird ein internationaler Impfpaß mit Toll-
wutimpfbescheinigung (nicht älter als 1 Jahr, nicht
frischer als 1 Monat!). Das amtstierärztliche Attest
soll auch die Herkunft aus einem seuchenfreien Gebiet bescheinigen.
Spanier sind keine Hundenarren wie die Deutschen.
Man sagt ihnen sogar eine ausgesprochene Abneigung
gegen Hunde nach. Dies sollten Sie berücksichtigen,
wenn Sie Waldi mit in eine Gaststätte nehmen
möchten.

HÖHLEN

In jedem Karstgebiet gibt es Höhlen, häufig konnte man auch nachweisen, daß sie von unseren menschlichen Vorfahren als Wohnung genutzt wurden. Nirgends aber gibt es solch prachtvolle Höhlenmalereien wie im südwestfranzösisch-kantabrischen Gebirgsraum! Von Lascaux bis Altamira spannt sich ein Bogen gemeinsamer künstlerischer Ausdrucksform, der uns moderne Menschen völlig verblüfft. Das Erstaunen darüber, daß die "Wilden" der Vorzeit plötzlich nicht mehr in den primitiven Rahmen paßten, den man bisher für sie angenommen hatte, war so groß, daß zunächst jahrelang von Fälschung gesprochen wurde, bis genaue Datierungsmethoden das hohe Alter der gemalten und geritzten Tierdarstellungen bewiesen. Unverändert haben die eindrucksvollen Kunstwerke, die auch so viel über die Lebensweise, das Denken und Fühlen unserer Urahnen aussagen, die Zeiten überdauert. Jetzt allerdings muß man um sie fürchten, denn die Besucherströme und die Beleuchtung verändern so das Höhlenklima, daß wuchernde Algen die Farben überdecken. Altamira ist bereits völlig geschlossen, an anderer Stelle wird die tägliche Besucherzahl begrenzt. Es ist also dringend angeraten, zu einer Besichtigung so früh wie möglich zu starten. Sämtliche Höhlen sind auf den Firestonekarten auffällig mit einem ockerfarbenen Bison markiert.

INSEKTENPLAGE

Stechmückenschwärme wie in Finnland gibt es an den spanischen Atlantikstränden nicht. Trotzdem kann schon ein einziger Moskito die Nachtruhe einer ganzen WOMO-Besatzung vermiesen. Auch der malerischste Sonnenuntergang läßt sich nicht genießen, wenn sich durstige Insektenrüssel durch die Jeans bohren.

TIPS * TRICKS * TIPS * TRICKS * TIPS * TRICKS * TIPS
* Schmieren oder sprühen Sie sich in entsprechenden Gebieten vor Sonnenuntergang mit **Autan** ein. Die Pyrethrum-Räucherspiralen haben nach unserer Erfahrung kaum Erfolg. Ein qualmendes Lagerfeuer wirkt mit Sicherheit besser.
* Fliegengaze an den Fenstern hilft, wie der Name eigentlich sagt, nur gegen Fliegen und noch größere Insekten. Wir konnten die "erfreuliche" Beobachtung machen, daß die durstigen Schnaken während der Nacht sehr wohl durch die Fliegengaze paßten, am nächsten Morgen aber im vollgesaugten Zustand nicht mehr. Dadurch hatten wir die zweifelhafte Freude, die Zahl unserer Mückenstiche mit der der Moskitos vergleichen zu können, die sich vergeblich bemühten, den Rückweg durch die Fliegengaze anzutreten.
* Gegen Mücken und die noch kleineren Gnitzen hilft nur Moskitogaze.Man bekommt sie teuer in Trekking-Fachgeschäften und billig vom Meter als Tüll in Stoffgeschäften. Vergleicht man sie mit Fliegengaze, so erkennt man in jedem Gewebekaro noch ein x-förmiges Fädchen, das den Durchschlupf er-

schwert. Am einfachsten ist es, die Moskitogaze
zusätzlich hinter die (meist vorhandene) Fliegengaze der Rollos zu nähen.
* Haben Sie noch keine Fliegenrollos in Ihrem WOMO,
  so können Sie Moskitogaze zu Ihren Fenstern passend mit Klettenband umnähen, das Gegenstück rings
  um die Fenster kleben und die Gaze nur bei Bedarf
  andrücken.
* Bedenken Sie: Alle Öffnungen nach außen müssen
  verschlossen sein, auch Türen und Dachluken. An
  der Eingangstür ist es praktisch, die Gaze in der
  Mitte mit einem Reißverschluß zu unterteilen.
* Sprühen Sie eine Stunde vor dem Zubettgehen das
  WOMO mit Insektenspray aus. Gegen Mücken im Wagen-
  inneren hilft auch keine Moskitogaze!

KARTENMATERIAL

Jede Karte ist nur so gut wie die Informationen, die
der Verlag bekommt. Selbst wenn Sie immer das neueste Kartenmaterial verwenden, kann es Ihnen passieren, daß plötzlich Straßen oder Brücken auftauchen,
die auf Ihrer Karte nur projektiert sind. Insgesamt
betrachtet ist das zur Verfügung stehende Kartenmaterial über Nord-Spanien reichhaltig und gut.
Da gibt es zunächst die beiden MICHELIN-Karten Nr.42
und Nr.441 im Maßstab 1:400.000. Sie decken unsere
gesamte Nord-Spanien-Tour ab. Um die größeren Städte
sind kleine Quadrate mit Zahlenangaben gezogen, die
zu den Stadtplänen im grünen Michelin-Reiseführer
passen. Eine gute Orientierungshilfe bei der Ankunft
und bei Besichtigungen!
Die FIRESTONE-Karten T-20 bis T-23 im Maßstab
1:200.000 haben nicht die Präzision unserer General-
karten, es ist aber jedes Sträßchen eingezeichnet.
Kleine Bildchen der Hauptsehenswürdigkeiten, mitten
hineingezeichnet, geben einen guten Überblick. Einige Stadtpläne sind ebenfalls abgedruckt.
Wanderkarten im Maßstab 1:25.000 gibt es von allen
Gebirgsgegenden (Verlag: Editoral Alpina, Granol-
lers). Sie haben alle ein ausführliches Begleitheft-
chen, im dem u.a. viele Touren empfohlen werden -
leider nur auf spanisch! Wir benötigten die drei
Wanderkarten ORDESA, PICOS DE EUROPA I und II.
Alle aufgeführten Karten erhielten wir in Deutschland im Buchhandel. Wer sich erst in Spanien ein-
deckt, bekommt sie dort naturgemäß wesentlich preis-
werter.
Eine besondere Delikatesse ist der "GUIA DEL PERE-
GRINO" vom spanischen Verlag Everest. Dieses Buch
beschreibt mit Präzision und viel Liebe jeden Meter
des Pilgerweges nach Santiage. Die vielen Karten
zeigen jede Kleinigkeit auf. Der Text ist natürlich
spanisch, aber das Karten- und Bildmaterial spricht
für sich. Dieses empfehlenswerte Buch bekommt man in
Spanien überall, auch in Andenkenläden, Museen usw.
Für die Anreise durch Frankreich empfehlen wir die
Straßenkarte RV 89 vom Reise- und Verkehrsverlag im
Maßstab 1:800.000.

KLEIDUNG

Der erste Bummel durch eine spanische Stadt zeigt uns sofort: Jede Spanierin, aber auch jeder Spanier legt besonderen Wert auf schicke Kleidung und gibt dafür einen erheblichen Anteil seines Geldes aus. Natürlich gestattet man dem Touristen so ziemlich alles, was unpassende Kleidung anbetrifft - aber dann darf sich der Urlauber auch nicht wundern, wenn es nur als Devisenbringer, nicht als Gast betrachtet und entsprechend behandelt wird.

TIPS * TRICKS * TIPS * TRICKS * TIPS * TRICKS * TIPS
* Badehose oder -anzug reichen allein nicht für den Urlaub in Nord-Spanien, dazu ist das Klima zu wechselhaft.
* Beim Stadtbummel sind Shorts und Schirmmütze nicht angebracht. Dagegen empfiehlt sich die Mitnahme eines Regenschirms.
* Vor allem abends, im guten Restaurant oder auch in der Disco, wird beim Herrn Anzug und bei der Dame elegante Gaderobe erwartet.
* Abends, am Strand, kommt man ohne Wolljacke, Wolldecke oder Anorak nur selten aus.
* Die Standardausrüstung für's Gebirge sind kräftige Jeans, Baumwollhemd und Anorak.
* Gummistiefel und regenfeste Windjacke oder "Friesennerz" sind ebenfalls unverzichtbar. So wird auch bei Regenwetter ein Strandspaziergang zum Vergnügen.

KLIMA

Bei unserer Rundreise durch Nord-Spanien haben wir im Küstenbereich maritimes, gemäßigtes Klima, Niederschläge sind immer zu erwarten.
In den Urlaubsmonaten Juni bis September liegt die mittlere Höchsttemperatur bei 22 Grad. Das Wasser hat überall 18-20 Grad, in geschützten Buchten bis 22 Grad, denn die eigentlich kältere Nordküste wird vom warmen Golfstrom gestreift, während an der wärmeren Westküste der kühle Kanarenstrom nach Süden fließt.
Im Binnenland südlich des Kantabrischen Randgebirges liegen die Verhältnisse völlig anders. Hier ist kontinentales Klima mit heißen Tagen und kalten Nächten. Die mittlere Höchsttemperatur liegt im Sommer bei 28 Grad.

TIPS * TRICKS * TIPS * TRICKS * TIPS * TRICKS * TIPS
* Freuen Sie bei schlechtem Wetter stets auf den nächsten Tag - das Wetter ändert sich mit Sicherheit!
* Lassen Sie sich von der mittleren Höchsttemperatur nicht beirren, man kann auch in Galicien bei 30 Grad in der Sonne braten!
* Regenfälle sind im Gebirge häufiger als an der Küste, manchmal kommt es auch zu Hagelschauern und dichtem Nebel. Gehen Sie deshalb nur bei stabiler

Wetterlage auf Tour!
* Es gibt kein · schlechtes Wetter - nur falsche
  Kleidung! Freuen Sie sich auf eine Strandwanderung
  im Regen mit Blick auf die sturmgepeitschte See.
  Anschließend schmeckt der Cognac noch besser!

KÜHLSCHRANK

Die ELEKTROLUX-Kühlschränke mit den Anschlüssen für
220V/12V/Gas, die in den meisten Wohnmobilen eingebaut sind, haben eine robuste Natur ohne bewegliche
Verschleißteile.
Trotzdem sind sie ein Sorgenkind für jeden Camper,
denn ohne Kühlung kommt auch ein WOMO-Haushalt kaum
noch aus.

TIPS * TRICKS * TIPS * TRICKS * TIPS * TRICKS * TIPS
* Schon bei geringer Schräglage des Fahrzeugs sinkt
  die Kühlleistung bis auf den Nullpunkt.
  Abhilfe: Mit Wasserwaage oder voll gefülltem Was-
  serglas waagerechten Stand des WOMOs kontrollieren, durch Aufbocken, Eingraben eines Rades oder
  Platzwechsel verbessern.
* Seit einiger Zeit gibt es jedoch Geräte, die auch
  bei stärkerer Neigung des WOMOs zuverlässig kühlen. Achten Sie darauf beim Neukauf.
* Während der Fahrt, vor allem aber beim Tanken, ist
  der Betrieb mit Gas gefährlich, außerdem geht das
  Flämmchen oft im Fahrtwind aus. Schaltet man auf
  12V und vergißt nach Ankunft das Ab- bzw. Umstellen, so ist eine vollgeladene 50-A-Batterie nach
  ca. 5 Stunden leer und meist auch kaputt. Was
  hilft's, wenn es sich "nur" um die Zweitbatterie
  handelt, wenn jetzt Tauchpumpe und Innenbeleuchtung nicht mehr funktionieren! Die nachfolgende
  Schaltskizze zeigt Abhilfe. Die Kosten sind mini-
  mal, der Aufwand ist gering.

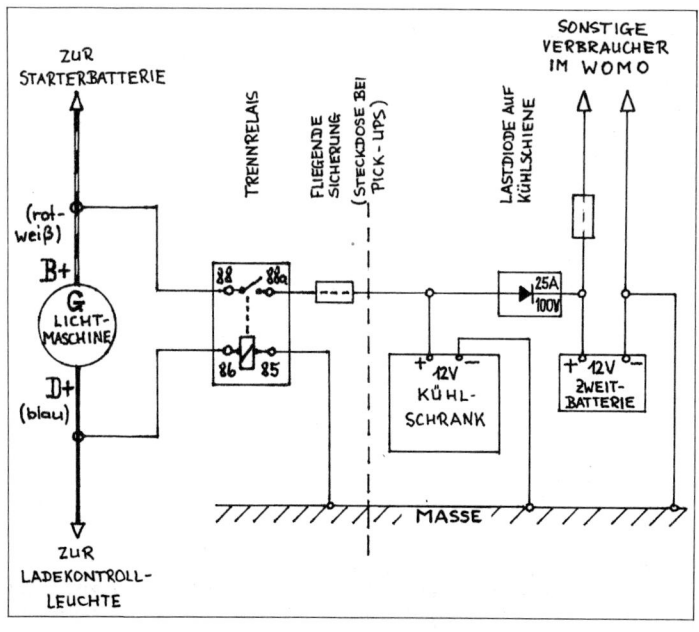

Aufpassen! Beim Befestigen der Kühlschiene keine Masseverbindung herstellen.

Der Kühlschrank arbeitet jetzt nur noch, wenn das WOMO fährt und die Lichtmaschine Strom abgibt. Man muß nur noch daran denken, zu Beginn der Fahrt die Gaszufuhr ab- und nach der Ankunft wieder anzustellen.

* Ist die Kühlleistung bei Gasbetrieb nicht zufriedenstellend, sind folgende Punkte zu überprüfen: Liegen die Zu- und Abluftgitter möglichst nach Norden, also nicht im Sonnenschein? Ist der Kühlschrank nicht zu vollgestopft? Ist überhaupt ein Abluftkanal montiert? Liegt überall, vor allem an der Unterseite der Tür, das Dichtgummi an? Ist das Flämmchen überhaupt noch an? (Von außen kann man das Zischen hören, im Inneren des Kühlschranks ist meist ein Guckloch!)
* Geht während der Reise die piezoelektrische Zündung kaputt, kann man von außen das untere Lüftungsgitter abschrauben und den Brenner mit einem Streichholz in Gang setzen, wenn eine zweite Person die Zündsicherung niederdrückt.
* Die im Fachhandel für Campingzwecke angebotenen Kompressorkühlschränke arbeiten nur mit 12V/220V. Sie kommen nur in Verbindung mit einer ausreichend dimensionierten Solaranlage in Frage.
* Günstige Bezugsquelle für Elektromaterial: Conrad-electronics, 8452 Hirschau (Katalog anfordern).

KULTURGESCHICHTE

Das Geschichtsbuch Iberischer Kultur muß ein mächtiger Wälzer sein! Würde man jedem Jahr nur eine einzige Seite widmen, es kämen über 40.000 zusammen. Die angeführten Beispiele, vor allem von Bauwerken, sind alle in unseren Touren beschrieben.

40.000 - 10.000 v.Chr.:
In der Jüngeren Altsteinzeit (Paläolithicum) schaffen unsere Vorfahren hervorragende Höhlenmalereien, vor allem in den meerseitigen Ausläufern der Picos de Europa: Höhle El Castillo bei Puente Viesgo.

Ab 4.000 v.Chr.:
Die Dolmengräber sind unvergängliche Zeugen eines hochentwickelten Totenkultes aus der Jungsteinzeit (Neolithicum): Dolmen von Dombate südwestlich von La Coruna.

Ab 400 v.Chr.:
Die Kelten erobern den iberischen Raum und vermischen sich mit den Ureinwohnern zu den Keltiberern: Keltensiedlung (Ausgrabung) Castro de Barona 20km südlich Noya.

Ab 200 v.Chr.:
Rom hat die Karthager von der Iberischen Halbinsel verdrängt und überzieht das Land mit einem verzweigten Straßen- und Brückennetz: Puente Romano in Cangas de Onis. Noch Jahrhunderte später werden die mittelalterlichen Pilgerbrücken im gleichen Stil errichtet: Puente la Reina, Pilgerbrücke von Molinaseca östlich Ponferrada.

Ab 400 n.Chr.:
Die Westgoten bringen das Christentum nach Spanien. Ihre kleinen Kirchen, ohne Mörtel aus behauenem Naturstein gefügt, verschmelzen römische sowie byzantinische Antike mit Elementen ihrer osteuropäischen Volkskunst. Hufeisenbogen, flache Reliefs und Fensteröffnungen mit geometrischen Mustern und verschlungenem Rankenwerk sind besonders typisch: Sta. Maria de Naranco, S. Miguel de Lillo, beide nahe Oviedo.

711 - 1492:
Maurenherrschaft über Spanien. Islamisch-maurische Stilelemente beeinflussen in zweierlei Form den Baustil:
Mozarabischer Stil, Kunst der unter maurischer Herrschaft lebenden Christen. Westgotische und maurische Elemente werden verquickt: Santa Maria de Lebena in der Hermida-Schlucht, El Conventin südwestlich Villaviciosa, San Miguel de Escalada östlich Leon.
Mudejarstil, Kunst der unter christlicher Herrschaft lebenden Mauren. Backsteinbauweise mit Blendarkaden und Ziegelmustern: San Tirso und San Lorenzo in Sahagun.

11. - 13.Jahrh. (Romanik):
Große, breit und schwer wirkende Kirchen. Rundbögen, Tonnengewölbe, sparsamer Skulpturenschmuck an Säulen, Türen und den kleinen Fenstern: Krypta des Klosters Leyre, Kathedrale von Jaca, San Martin in Fromista, San Isidoro in Leon, Kathedrale von Santiago de Compostela.

13. - 15.Jahr. (Gotik):
Hoch aufragende Kathedralen. Spitzbögen, filigranartige Stern- und Netzgewölbe, die Schwerkraft scheint aufgehoben.Riesige, buntglasgeschmückte Fenster: Kathedralen von Leon und Burgos.

16. - 18.Jahrh. (Renaissance, Barock):
Besonders auffällig der sog. Platereskstil, die schmuckhafte Ausgestaltung ganzer Fassaden, die an feine Goldschmiedearbeit erinnert: Hostal de los Reyes Catolicos, Santiago. Barocke Fassade der Kathedrale von Santiago.

19. - 20.Jahrh.:
Kaum mehr nennenswerte Bauwerke, mit Ausnahme der eigenwilligen Stilkombinationen des Antonio Gaudi (1852-1926): Erzbischöfliches Palais in Astorga, Palais an der Plaza de San Marcelo in Leon. Beachtenswert die modernen Bronzestatuen Subirachs an der Kirche von Virgen del Camino westlich Leon.

LEBENSMITTEL (siehe auch Getränke)

Wir unterscheiden in Anreisetage und eigentlichen Urlaub in Spanien.
Während wir im Urlaub die einheimische Küche genießen und eigene Gerichte meist frisch zubereiten, werden unterwegs nur Dosen aufgemacht.

* Außer einer "Grundausstattung" an Teigwaren, Reis sowie Gewürzen empfiehlt sich, ein Vorrat an Wurstkonserven mitzubringen, um nicht dauernd Frischwurst einkaufen zu müssen.
* Wer auf die Dauer das lapperige Weißbrot (=pan blanco) aus der Bäckerei (=panaderia) nicht ausstehen kann, muß sich "Mestemacher Brot" in der Dose mitbringen. Ganz selten findet man in Galicien schweres, dunkles Maisbrot. Unbedingt probieren!
* Das Angebot an Obst, Gemüse und Salat ist reichhaltig und preiswert.
* Das Frischfleischangebot in der Metzgerei (=carniceria) beschränkt sich meist auf Rind- und Schweinefleisch, die Preise liegen etwas höher als in Deutschland. Dafür ist das Fleisch aber auch stets erstklassig. (Ein "chuleta de vaca", ein Ochsenkotelett von der Größe eines Suppentellers, wird mir unvergeßlich bleiben!) Eine Delikatesse ist der luftgetrocknete Schinken (=jamon serrano).
* Das Frischwurstangebot ist von der Vielfalt und vom Geschmack her recht dürftig, wesentlich besser sind die "salchichons" und "chorizos", die Dauerwürste.
* Über spanischen Käse könnte man ein Buch schreiben, so viele Sorten gibt es. Alle sind hervorragend, nur bei dem recht scharfen Manchaschafskäse (=queso manchego) hat man den optischen Eindruck, bereits Pelayo habe ihn als Proviant dabei gehabt.
* Reichhaltig gefüllt sind Tiefkühltruhen und Fischkonservenregale. Unter den Fleischkonserven können wir Fleischbällchen (=albondigas de carne) empfehlen, ein schnelles Gericht für unterwegs, das nicht nur Kinder begeistert.
* Die eigentliche Nahrungsquelle in Nord-Spanien sollte jedoch Frischfisch sein! Das Angebot ist umwerfend, allerdings sollte man frühzeitig die Markthalle oder das Fischgeschäft (=pescaderia) aufsuchen, sonst sind die besten Stücke weg.
* Ihre Kinder mögen keinen Fisch? Kaufen Sie eine Scheibe "bonito", die von dieser kleinen Thunfischart wie vom Brotlaib abgeschnitten wird. Gebraten aus der Pfanne oder geröstet vom Grill ist er unwiderstehlich.
* Unverzichtbar ist also der eigene Holzkohlengrill! Denken Sie auch an eine Anfangspackung Holzkohle.

LITERATUR

Unsicher steht man vor dem wohlgefüllten Spanienregal in der Buchhandlung.
Eines ist sicher: Zunächst gute Auto- und Wanderkarten. Aber wir haben auch den Bücherwald für Sie durchforstet.

TIPS * TRICKS * TIPS * TRICKS * TIPS * TRICKS * TIPS
* Helmut Domke: Spaniens Norden, Prestel-Verlag.
* Barret/Gurgand: Unterwegs nach Santiago, Herder.
* Michelin-Reiseführer: Spanien.
* Werner Herzog: Spanien, die zerbrechliche Einheit, Orell Füssli, Zürich.

* Polunin: Pflanzen Europas, BLV-Bestimmungsbuch.
* Schönfelder: Die Kosmos-Mittelmeerflora.
* Erich Götz: Die Gehölze der Mittelmeerländer, Ulmer, Stuttgart.
* Campell: Der Kosmos-Strandführer.
* Langenscheidts Sprachführer: Spanisch.
* Dieter Korp: Jetzt helfe ich mir selbst, Motorbuch-Verlag, Stuttgart.
* Spanisches Fremdenverkehrsamt, Bethmannstraße 50, 6000 Frankfurt: Allgemeine Spanien-Informationen.

MEDIKAMENTE

Natürlich können wir hier keine ärztliche Voraussage machen, was Ihnen im Urlaub alles passieren kann, aber nach der Statistik wollen wir einige Wahrscheinlichkeiten abwägen.

TIPS * TRICKS * TIPS * TRICKS * TIPS * TRICKS * TIPS
* Schauen Sie nochmals nach, ist Ihr Erste-Hilfe-Koffer noch gut gefüllt? (Mullbinden, Heftpflaster, Schere, Pinzette, Fieberthermometer?)
* Mittel gegen Durchfall sind ein "muß" in fremden Ländern, fragen Sie Ihren Arzt. Kohletabletten sind "härteren Sachen" zunächst vorzuziehen.
* Aufregung und langes Sitzen bei der Anfahrt kann aber auch zu Verstopfung führen - führen Sie mit den richtigen Mitteln ab!
* Wie steht es mit Reisekrankheit? Fahren Sie zum ersten Mal mit einem WOMO, könnte Ihnen vielleicht das Schwanken oder die ungewohnte Sitzstellung aufstoßen. Sorgen Sie vor!
* Kinder sind ein Fall für sich! Nehmen Sie auf jeden Fall die Medikamente mit, die Sie sowieso das Jahr über brauchen.
* Soventol hilft nicht nur gegen Insektenstiche, sondern lindert auch Sonnenbrand.
* Zwei Elastik-Binden für verstauchte Füße und Salbe gegen Prellungen (z.B. Mobilat) sollten nicht nur bei der Bergtour dabei sein.
* Zwar kein Medikament, aber manchmal die letzte Rettung (statt eines Schlafmittels): Ohropax gegen Straßenlärm.
* Was brauchen Sie sonst noch alles gegen Erkältungen, Magenbeschwerden, Sodbrennen, Blähungen, Völlegefühl? Schleppen Sie nicht alles mit! Die spanischen Apotheker sind sehr freundlich und in fast allem gut sortiert.
* Last not least: Das Merfen-Orange für die kleine Schürfwunde und gegen den großen Schmerz, ein Wund-Desinfektionsmittel, das nicht brennt, aber wegen der schönen Farbe bei Kindern besonders beliebt ist. Gegen Brennen im Salzwasser hilft Sprühpflaster.
* Und wenn alles nichts mehr hilft: Beim ADAC-Arzt können Sie sich von Spanien aus unter der Nummer 07*49 89/22 22 22 Rat holen.

NACKTBADEN

Es steht uns nicht zu, die Sitten anderer Länder zu kritisieren. In Spanien ist das Nacktbaden streng verboten, nur einige wenige Strände, die jedoch nicht an unserer Tour liegen, bieten FKK-Möglichkeit.

TIPS * TRICKS * TIPS * TRICKS * TIPS * TRICKS * TIPS
* Haben Sie ein Plätzchen für sich allein gefunden,
  kann niemand etwas gegen Ihr Adams- oder Evasko-
  stüm haben.
* Kommen weitere Personen an, so respektieren Sie
  bitte das Schamgefühl vor allem Einheimischer in
  Begleitung von Kindern oder älteren Menschen.
* Meist braucht man nur hundert Schritte zu gehen,
  um, von Felsen oder Dünen geschützt, wieder allein
  zu sein.

ÖFFNUNGSZEITEN

In Spanien gehen die Uhren anders! Dieser Spruch bewahrheitet sich vor allem bei den Mahlzeiten:
Mittagessen ab 14 Uhr, Abendessen nicht vor 21 Uhr.
Da hilft kein Klagen, Sie müssen sich einfach anpas-
sen. Das fällt jedoch relativ leicht, da in Spanien
die Mitteleuropäische Zeit gilt und die Sonne sowieso eine Stunde später "ankommt".
Banken und Behörden haben meist nur montags bis
freitags von 9 - 13.30 Uhr geöffnet, Postämter auch
von 16 - 19 Uhr.
Geschäfte öffnen von 9 - 13 und von 16 - 20 Uhr.
Allerdings sind die Regeln nicht so streng wie im
sturen mitteleuropäischen Raum. Vor allem in der
Provinz öffnet ein Ladenbesitzer immer dann, wenn er
sich ein Geschäft verspricht - d.h. fast den ganzen
Tag, bis spät in die Nacht, oft auch sonntags.
Selbst wenn geschlossen sein sollte - fragen Sie in
der benachbarten Kneipe nach. Man wird den Besitzer
für Sie ausfindig machen!

PACKLISTE

Brieftasche/Handtasche/Geheimfach
* Pässe (gültig)
* Führerscheine
* Grüne Karte (gültig)
* KFZ-Schein
* Bargeld
* Devisen
* Eurocheques/Scheckkarte
* Postsparbuch/Ausweiskarte
* Impfbücher
* Impfpaß Haustier
* Auslandskrankenscheine
* Zusatzversicherung
* Auslandsschutzbrief
* Photokopien aller wichtigen Papiere
* _____
* _____

Wohnmobilhaushalt
* Kaffee-,Teekanne
* Filtertüten/Filter
* Geschirr/Gläser
* Bestecke
* Töpfe/Pfannen/Sieb
* Nähzeug/Schere
* Klebstoff

* Wäscheleine/Klammern
* Abtreter
* Kabeltrommel
* Stecker (Ausland)
* Doppelstecker
* Gasflaschen
* Anschluß für Butan-Gaz
* Handfeger
* Klappspaten
* Zündhölzer/Feuerzeug
* Petroleumlampe
* Petroleum
* Kerzen
* Taschenlampe
* Insektenspray
* Toilette/Papier
* Toilettenchemikalien
* Dosen-, Flaschenöffner
* Spülmittel/Bürste
* Küchentücher
* Micropur zur Wasserentkeimung
* Müllbeutel
* _____
* _____
* _____

Medikamente
* Soventol
* Husten-,Schnupfenmittel
* Fieberzäpfchen
* Kohle-Kompretten
* Metifex
* Aspirin
* Agiolax
* Merfen-Orange
* Sprühpflaster
* Auto-Verbandskasten o.K.?
* _____
* _____

Auto
* Bordbuch
* Wörterbücher
* Reiseführer
* Straßenkarten
* Kundendienst gemacht?
* Pannenausrüstung komplett?
  (siehe "Fahrzeug"!)

Kleidung
* Unterwäsche
* Socken/Strümpfe
* Hemden/Blusen
* Schuhe/Sandalen
* T-Shirts
* Shorts
* Hosen/Jeans
* Kleider/Röcke
* Pullover/Jacken
* Anoraks/Windjacken

* Trainingsanzug
* Sonnenhut/Kopftuch
* Nachthemden
* Schlafanzüge
* Bikini/Badehosen
* Badeschuhe
* Gummistiefel
* Wanderstiefel
* Schmuck
* Sonnenbrille/Ersatzbrille
* _____
* _____

Campingartikel
* Stühle
* Tisch
* Liegestühle
* Sonnensegel/Stangen/Häringe/Leinen
* Liegematten/Wolldecken
* Hängematte
* Mobildusche
* Grill
* Holzkohle
* _____
* _____

Unterhaltung/Unternehmung
* KW-Radio
* Schreibzeug
* Adreßbuch
* Handarbeitszeug
* Kinderspielzeug
* Malutensilien
* Bücher
* Spiele
* Kassettenrecorder
* Kassetten
* Taucherbrillen
* Wasserball/Fußball
* Frisby/Indiaca usw.
* Luftmatratzen
* Sandspielzeug
* Schwimmflügel
* Schwimmreif
* Surfbrett/Zubehör
* Fotoapparat/Filme
* Filmkamera/Filme
* Videokamera/Kassetten
* Ersatzbatterien
* Einkaufstasche
* Rucksäcke
* Iso-Matten
* Zelte
* Kochtopfset
* Feldflaschen
* Kompaß
* Taschenmesser
* _____
* _____

Lebensmittel

* Getränke (Limo, Bier, usw.)
* H-Milch
* Coffeemate
* Milchpulver
* Limopulver
* Zitronenteepulver
* Sirup
* Wurstdosen
* H-Käse
* Fertiggerichte
* Tee
* Kaffee
* Kaba
* Müsli
* Butter/Margarine
* Brot
* Dosenbrot
* Reis
* Nudeln
* Kartoffelbrei u.ä.
* Knäckebrot
* Babykost
* Marmelade
* Bratfett
* Zwiebeln
* Gewürze
* Zucker
* Salz
* Kartoffeln
* Eier
* Zwieback
* Salzstangen
* _____
* _____
* _____

Toilettenartikel

* Hand-,Badetücher
* Geschirrtücher
* Waschlappen
* Haarfestiger
* Lockenwickel
* Haarspangen
* 12V- oder Naßrasierer
* Hygieneartikel
* Windeln
* Creme/Babycreme
* Seife/Rei in der Tube
* Sonnencreme, -öl
* Fettstift (Labello)
* Zahnbüsten, -pasta
* Autan gegen Mücken
* Schlafsäcke
* Kopfkissen
* Spannlaken
* _____
* _____
* _____

Nicht vergessen!

* Post abbestellen
* Offene Rechnungen bezahlen

* Haustier abgeben
* Blumen versorgen
* Mülleimer leeren
* Kühlschrank abstellen?
* Wasch-, Spülmaschine aus?
* Wasser, Gas abgestellt?
* Rolläden schließen
* Haustür verschließen!
* Nachbarn benachrichtigen!
* _____
* _____
* _____

PILGERWEG

Nachdem Anfang des 9.Jahrhunderts im fernen Santiago
das Grab des Apostels Jakobus d.Ä. entdeckt wurde,
pilgerten immer größere Scharen an den Rand Europas.
Kirchen und Klöster entstanden am "camino de Santiago", um die Pilger zu versorgen. Benediktiner, Temp-
ler und andere Ritterorden sorgten für ihre Sicherheit. Das war offensichtlich auch nötig, denn immer
wieder mischten sich zwielichtige Elemente darunter.
So führte man Ausweispapiere ein, obwohl man jeden
Santiagopilger an seinem breiten Hut mit Jakobsmu-
scheln daran, an dem Pilgerstab mit der Kürbisfla-
sche erkannte.
Der Glaubenseifer schwankte stark im Laufe der Jahrhunderte, aber es gab Jahre, in denen Millionen nach
Santiago kamen. Heute sind die Pilgerwege nahezu
verwaist, die Kirchen, Klöster und Dörfchen an ihrem
Rande verfallen zum Teil. Weite Strecken des ehemaligen Fußweges sind inzwischen geteert, verfälscht.
Wir haben für unsere Leser einige besonders reizvol-
le Abschnitte herausgesucht, die man auch mit dem
WOMO "erfahren" kann. In den Touren 16 - 18 werden
sie beschrieben.

PREISE (Stand März 1986)

Wie soll man diese Frage beantworten, zwei Monate
nach dem Beitritt Spaniens zur Europäischen
Gemeinschaft?
Bis jetzt hat immer gegolten: Was aus dem eigenen
Lande stammt, ist in Spanien billiger als bei uns.
Für ein komplettes Menü (menu de la casa) zahlten
wir zwischen 8,- und 15,-DM, selbst zusammengestell-
te Gerichte kamen, ganz nach Hunger und Ansprüchen,
auf 5,- bis 25,-DM. Trinkgelder sind stets inbegrif-
fen, bei besonders guter Bedienung sollte man um
etwa 10% aufrunden.

Die Benzinpreise, überall gleich, betragen zur Zeit:
Normalbenzin (90-92 Oktan)   1,45 DM
Superbenzin (96-97 Oktan)   1,55 DM
Diesel   (gasoleo)   1,08 DM
Die Autobahngebühren sind hoch, für jeden Kilometer
muß man etwa 15 Pfennige rechnen.

Für einen Tag auf einem Campingplatz muß man für's
WOMO und zwei Personen 20,- bis 25,- DM berappen.

Obst, Salat, Gemüse, überhaupt alles, was es auf dem Frischwarenmarkt gibt, ist deutlich billiger als in Deutschland.
Der Knaller aber sind die Weinpreise. Wer will, kann schon für eine Mark einen Liter ordentlichen Tischwein erstehen. Auch einheimischer Brandy ist sehr günstig. Sonstige Getränkepreise gleichen den unsrigen. Dabei gilt auch in Spanien: Im ALDI ist's billiger als im Tante-Emma-Laden.
Ein 3-Minuten-Telefonat nach Deutschland kostet zwischen 22 und 8 Uhr 5,10 DM, sonst 7,20 DM.

REDEWENDUNGEN

Wir wollen und können den unter "Literatur" angegebenen Sprachführer nicht ersetzen, aber **ein Dutzend** wichtiger Begriffe sollten Sie eigentlich auswendig können:

Guten Tag   – buenos dias
Guten Abend   – buenos tardes (ab 14 Uhr)
Gute Nacht   – buenos noches
Soll es nicht ganz so formell sein, geht für alle Gelegenheiten "hola".
Auf Wiedersehen   – hasta luego, adios
Bitte   – por favor
Danke   – gracias
Entschuldigung   – Perdon!

Ja/nein   – si/no
Rechts/links/geradeaus   – a la derecha/a la iz-
                             quierda/todo seguido

Was kostet das?   – Cuanto cuesta esto?
Geben Sie mir bitte...   – Deme, por favor....
Wie komme ich zum Strand? – Como se va a la playa?
Das wichtigste Wörtchen für den Spanien-Touristen aber ist "hay", gesprochen "ai". Es bedeutet "es gibt", als Frage "gibt es...?" Also: "Hay tomates?" "Haben Sie Tomaten?"

REIFEN

Bei einer Reifenpanne denkt man meist nur an die Mühen eines Radwechsels. Nicht selten verliert jedoch der defekte Reifen ganz plötzlich Luft - Unfälle sind nicht auszuschließen.

TIPS * TRICKS * TIPS * TRICKS * TIPS * TRICKS * TIPS
* Fahren Sie nur mit **fünf** wirklich kritisch begutachteten Pneus in den Urlaub! An erster Stelle steht dabei ausnahmsweise nicht die Profiltiefe, sondern die Suche nach Rissen oder Einstichen. Diese werden in der Regel der Ausgangsort für größere Schäden.
* Werfen Sie auch unterwegs ab und an einen Blick auf die Füße Ihres Fahrzeugs, und fühlen Sie die Temperatur ab.
* Nach Schotterstrecken hört man manchmal ein gefährlich klingendes, klackerndes Geräusch. Suchen Sie nach einem Stein, der sich in's Profil eingeklemmt hat!

* Ist Ihr Fahrzeug, wie z.B. die meisten VW-Busse,
  mit 185 SR 14 reinforced-Reifen ausgestattet?
  Steigen Sie bei nächster Gelegenheit auf die **wesentlich höher belastbaren** 185 R 14 C 8 PR um, Ihr
  TÜV hat nichts dagegen. Auch die Flanken dieser
  Reifen sind besser für den harten Gewerbebetrieb
  (C=commercial) ausgelegt und damit ideal für
  schlechte Wegstrecken.
* Sie haben hoffentlich einen Ersatzschlauch dabei?
  Auch bei schlauchlosen Reifen ist durch Einlegen
  eines Schlauches eine Panne z.B. durch einen Nagel
  sofort behoben, wenn der Reifen sonst noch o.K.
  ist.
* Ist eine Reparatur nicht mehr möglich, und man hat
  keinen Reifen Ihrer Marke auf Lager (was höchst
  wahrscheinlich ist), dann kaufen Sie einen anderen, eventuell einen gebrauchten. Fahren Sie nie
  ohne Ersatzrad! Abschleppen wird Sie gern jeder -
  aber nicht mit drei Rädern!

REISETAGE/REISEZEIT

Keine Angst, wir wollen Ihnen an dieser Stelle nicht
Ihren Urlaubstermin ausreden. Das ist ja gerade das
Schöne an Nord-Spanien, daß sich unsere Sommerferi-
enzeit mit der besten Reisesaison deckt: Warm genug
zum Baden, aber nicht zu heiß, um allen Unterneh-
mungsgeist zu verlieren.
Hier soll lediglich der Reiserhythmus angesprochen
werden, der sich auf der Fahrt von und nach Spanien
empfiehlt.

TIPS * TRICKS * TIPS * TRICKS * TIPS * TRICKS * TIPS
* Starten Sie in Deutschland nicht am ersten Ferien-
  tag Ihres Bundeslandes oder gar am Samstag früh,
  sonst beginnt Ihr Urlaub gleich mit Stau.
* Fahren Sie entweder **sofort** nach der Schule am
  letzten Schultag los oder, wenn Sie keine schul-
  pflichtigen Kinder haben, an den Wochentagen Dien-
  stag bis Donnerstag.
* Die Verkehrsdichte an den Grenzübergängen ähnelt
  den Bewegungen der Quecksilbersäule im Sommer:
  Abends, nachts und morgens ist es am kühlsten -
  und am leersten.
* Beginnen Sie Ihre Etappe möglichst früh (am besten
  mit der Dämmerung), machen Sie mehrere Pausen,
  zumindest eine lange Mittagspause und fahren Sie
  nur bis zur Dämmerung. Dann haben Sie noch reichlich Zeit, sich nach einem Übernachtungsplatz um-
  zusehen.
* Ein Stau auf den französischen Landstraßen hat
  meist mit Verkehrsproblemen bei der Durchquerung
  der Städte zu tun (leider gibt es noch zu wenige
  Umgehungsstraßen). Fahren Sie auf den nächsten
  Feldweg und legen Sie eine Gymnastikrunde ein -
  oder eine Kaffeepause!
* **Nochmals!** Warten Sie mit der Suche nach einem
  Übernachtungsplatz nicht bis zur Dunkelheit! Das
  geht fast nie gut. An jedem Seitensträßchen finden
  Sie bei Tageslicht ein Wald- oder Wiesenplätzchen
  - bei Nacht landen Sie höchstens auf einem einsamen Bauernhof und machen Hunde und Bewohner rebel-
  lisch.

RUNDFUNK

Es ist etwa zehn Jahre her, da bogen wir mit unserem
alten VW-Bus kurz vor Antalja in eine malerische
Bucht ab - und standen plötzlich, umringt von
Soldaten, zwischen zwei PAK-Geschützen. Seit Tagen
war Krieg um Zypern, nur wir hatten keine Ahnung!

TIPS * TRICKS * TIPS * TRICKS * TIPS * TRICKS * TIPS
* Deutsche Sendungen gibt es in Spanien nur auf UKW
  im Empfangsbereich der Urlaubszentren des Mittel-
  meeres. Sie brauchen also nicht zu suchen, dafür
  sind wir ein paar hundert Kilometer zu weit
  weg.
* Auf Mittelwelle bekommen Sie deutsche Sender nur
  in miserabler Qualität herein - und nur unter
  günstigen tektonischen Bedingungen.
* Möchten Sie im Urlaub nicht auf Informationen aus
  der Heimat und über das Weltgeschehen verzichten,
  dann brauchen Sie einen Kurzwellenempfänger!
* Selbst mit preiswerten Geräten kann man zumindest
  die "Deutsche Welle" oder "Radio Austria" auf dem
  49-m-Band empfangen. Wir empfehlen ein Gerät mit
  digitaler Frequenzanzeige. Es bietet als einziges
  die Gewähr, daß Sie Ihren Sender nicht ständig neu
  suchen müssen.
* Um Batterien zu sparen, haben die meisten Geräte
  einen 6V oder 9V-Anschluß. Mit einem DC-DC-Wandler
  können Sie das Gerät (natürlich auch Kassettenrecorder usw.) auch an die 12-V-Autobatterie an-
  schließen (Conrad-electronics, 8452 Hirschau).

Einige wichtige Frequenzen:

Deutsche Welle:	49-m-Band:	6075/6085/6145 kHz
	31-m-Band:	9545/9605/9735 kHz
	Mittelwelle:	1557 kHz
RIAS Berlin	49-m-Band:	6005 kHz
Radio Bremen/SFB	49-m-Band:	6190 kHz
Südwestfunk:	41-m-Band:	7265 kHz
Bayrischer Rundfunk:	49-m-Band:	6085 kHz

SCHLAFSACK

Wie man sich bettet, so schläft man. Aber womit soll
man sich zudecken? Denken Sie dabei nicht nur an die
durchschnittlichen Höchsttemperaturen, sondern auch
an die Fahrtage, an Übernachtungen im Gebirge oder
an den beginnenden Herbst bei der Heimreise.

TIPS * TRICKS * TIPS * TRICKS * TIPS * TRICKS * TIPS
* Handeln Sie nicht nach dem Motto: Lieber ge-
  schwitzt als gefroren! Zur Not können Sie immer
  noch die Gasheizung andrehen. Schlafsäcke, die im
  Zelt bewährt sind, führen im WOMO zu Hitzeanfäl-
  len.
* Geeignet sind für die wärmere Jahreszeit die
  preiswerten Steppbetten (ab 50 DM im Campinghandel
  und in Kaufhäusern) oder Wolldecken, die man in
  die Bettbezüge steckt.
* Wichtig sind Spannbettbezüge, die das kunstvoll
  zusammengesetzte Polstermosaik nach dem Bettenbau
  zusammenhalten.

* Haben Sie Kinder mit, die neben dem WOMO im Zelt schlafen wollen? Es ist bei schönem Wetter kein dickerer Schlafsack nötig, sondern eine Iso-Matte, die die Bodenkälte wesentlich besser abhält als eine Luftmatratze. Während der Fahrt läßt sie sich bequem unter der Matratze im Alkoven unterbringen.
* Im Gebirge und bei Regenwetter, aber auch im Landesinneren sinken nachts die Temperaturen stärker ab. Im Zelt wird dann ein "richtiger" Schlafsack gebraucht.

SONNENSCHUTZMITTEL

Immer wieder trifft man in südlichen Gefilden bedauernswerte Geschöpfe, die die Gefahren der UV-Strahlung nicht ernst genommen haben und nun wie halb gepellte Kartoffeln herumlaufen. Gilt das auch für Nord-Spanien?

TIPS * TRICKS * TIPS * TIPS * TIPS * TRICKS * TIPS
* UV-Strahlung ist im Gebirge und am Meer am gefährlichsten - die Temperatur spielt dabei überhaupt keine Rolle!
* Wer wie ein weißer Käse im Urlaub ankommt, sollte zunächst nur gut eingecremt ans Sonnenbaden gehen. Es gibt Sonnenmilch und Sonnencremes mit verschiedenen Schutzfaktoren. Ihre Filterwirkung verlängert jedoch nur die Zeit, die Sie sich in der Sonne aufhalten können. Sie hält die Sonnenstrahlen nicht völlig von Ihnen ab.
* Besonders nach dem Baden ist Vorsicht im Platze. Sofort abtrocknen und wieder eincremen. Auch wer nie Probleme mit Sonnenbrand hat: Das Salzwasser laugt die Haut aus, macht sie trocken und rissig. Spätestens nach der abendlichen Süßwasserdusche sollten Sie den ganzen Körper eincremen.
* Kinder, vor allem Babys, sollte man beim Spiel in der Sonne gut im Auge behalten! Pflicht sind Sonnenhütchen und anfangs T-Shirt, sowie regelmäßiges Eincremen.
* Eine gute Sonnenbrille ist jedem anzuraten. Brillenträger sind mit Colormatic-Gläsern gut bedient. Besonders im Gebirge schmerzen die Augen in der grellen Sonne.
* Gerade im Gebirge sollte man besonderen Wert auf die Lippenpflege legen. Ein Fettstift gehört in jedes Tourengepäck.

SPATEN

Vergangen sind die Zeiten, wo sich die Großväter (und Großmütter) der WOMO-Familie mit Spaten und Clorolle auf die Suche nach einem verschwiegenen Plätzchen machten. Aber der Spaten ist immer noch unverzichtbar!

TIPS * TRICKS * TIPS * TRICKS * TIPS * TRICKS * TIPS
* Kaufen Sie einen soliden Klappspaten, der sich auch als Hacke verwenden läßt. Das Blatt sollte angenietet, nicht angeschweißt sein.

* Die Verwendungszwecke sind vielseitig:
    1. Großes Loch buddeln, wenn die Chemikaltoilette überquillt.
    2. Loch buddeln unter dem Abwassertank, wenn man zu lange an einem Platz steht.
    3. Gräben oder Schanzen für die Räder anlegen, um das WOMO waagerecht zu stellen (siehe "Kühlschrank").
    4. Im Sand versackte Räder freilegen, Zweige zum Unterlegen abhacken.
    5. Müll tief vergraben, wenn weit und breit keine Ortschaft mit Mülleimer ist. Papier möglichst vorher verbrennen.
    6. Sandburgen bauen, damit das Eheweib keine Sehnsucht nach der Ostsee bekommt.

SPEISEN

Spanien ist ein viel zu großes Land, um eine einheitliche Küche zu haben. Freuen Sie sich! Asturien und Galicien genießen den Ruf, Spanien auf dem kulinarischen Sektor anzuführen.

TIPS * TRICKS * TIPS * TRICKS * TIPS * TRICKS * TIPS
* Das Küstengebiet Nord-Spanien verwöhnt seine Bewohner und Gäste täglich mit frischen Fischen und Mariscos (sonstiges Meeresgetier), das fruchtbare Land bietet Obst, Gemüse und Weidefläche für Vieh und Wild in Hülle und Fülle.
* In Langenscheidts Sprachführer sind mehrere Seiten den spanischen Speisekarten gewidmet. Lesen Sie sich ein bißchen ein.
* Schließen Sie nie von Äußeren einer Gaststätte auf die Qualität der Küche! Fragen Sie lieber einen Einheimischen, Spanier gehen gern (und gut) essen.
* Wenn Sie sich unsicher sind, bestellen Sie das "menu de la casa". Damit fahren Sie nie schlecht.
* Ein ganz sicherer Tip ist jede Art von Fisch. Allgegenwärtig ist "merluza", Seehecht, am besten mit Sicherheit "bonito", Thunfisch und "lenguado", Seezunge.
* In guten Gaststätten können Sie zwischen einigen Zubereitungsarten wählen:

asado	-gebraten
asado a la parilla	-gegrillt
cocido	-gekocht
al horno	-im Backofen gebacken
a la plancha	-auf einer heißen Platte gegrillt
a la romana	-im Teigmantel
a la cazuela	-in der Kasserolle

* Wenn Sie alle Fisch- und Fleischarten nach sämtlichen Zubereitungsmethoden ausprobiert haben, sind Sie reif für die "mariscos"! Marisquerias sind Gaststätten, die sich auf ihre Zubereitung spezialisiert haben, aber auch in anderen Gaststätten fehlen sie nie. Sie haben solches Zeug noch nie gegessen und wissen auch nicht wie? Es schmeckt besser als feinstes Kalbfleisch und die Tricks, wie man in einen Krebs hineinkommt, wird Ihnen jeder gern zeigen. Der passende Wein? Ein trockener, weißer Albarino oder Ribeiro!

* Nicht übersehen darf man auch die Eintöpfe und
  Suppen. Wer nicht wenigstens einmal "cocido",
  "pote gallego" oder "callos a la gallega" probiert
  hat, war nicht in Galicien!

STROMSPANNUNG

Es gibt wohl kaum noch ein spanisches Dorf, wo man
nicht den passenden Stromanschluß für seinen Fernseher hat. Aber gar nicht selten sind dort noch 110
oder 125 Volt, während in den Touristenorten und auf
den Campingplätzen die Spannung stets 220 Volt beträgt.

TIPS * TRICKS * TIPS * TRICKS * TIPS * TRICKS * TIPS
* Im Camping-Fachhandel werden Zwischenstecker angeboten, mit denen Sie auf der ganzen Welt ans 220-
  V-Netz gehen können.
* Sie halten es für ausgeschlossen, daß Sie auf
  einen Campingplatz gehen? Falls Sie trotzdem einmal Ihre Zweitbatterie aufladen müssen, können Sie
  vor Ort immer noch einen spanischen Stecker kaufen
  und gegen den deutschen Schukostecker Ihres Ver-
  längerungskabels auswechseln.
* Zur Standardausrüstung jedes WOMOs sollte vielmehr
  ein Doppelstecker gehören. Oft kann man nur mit
  ihm ein Plätzchen an der einzigen "Zapfsäule"
  ergattern.

SURFEN

Der Atlantik ist wegen seiner Brandung eigentlich
kein ideales Revier für Surfer, zumindest nicht für
Anfänger oder Gelegenheitssurfer. Aber in Nord-
Spanien gibt es einige Besonderheiten.

TIPS * TRICKS * TIPS * TRICKS * TIPS * TRICKS * TIPS
* Die asturische, vor allem aber die galicische
  Küste ist zerklüftet wie die norwegische. Ursache
  sind versunkene Flußmündungen, die sog. Rias. In
  ihnen herrschen völlig andere Bedingungen als auf
  dem offenen Atlantik.
* Je weiter Sie an den Rias landeinwärts fahren, um
  so schwächer werden Brandung und, je nach schützen-
  dem Gebirgswall, auch der Wind.
* Während Sie am freien Meer (wir setzen mal Ihre
  Beachstart-Künste voraus) häufig mit West/Nord-
  west-Winden der Stärke 4-5 Beaufort rechnen
  können, sind in den Rias eher 1-3 Bft die Regel.
  An steilen Rias-Küsten kommt durch den Ablenkungs-
  Effekt wieder etwas mehr Dampf auf.
* Nicht nur Anfänger müssen beachten, daß der Tidenhub in Nordspanien bis zu sechs Metern beträgt. So
  kann es in den Rias zu Beginn der Ebbe zu einem
  kräftigen Sogeffekt meerwärts kommen. Unachtsame
  finden sich dann plötzlich an unbekannten Stränden
  wieder.
* Übrigens: Auf den Brandungswogen Hawaiis pflegt
  man seit Urzeiten einen seltsamen Sport: Surfen
  ohne Segel! Vor allem Funboard-Besitzer sollten
  das einmal in der Atlantikbrandung probieren.
  Erstaunlich, wie sehr einem da der Gabelbaum
  fehlt!

TELEFON

In gar nicht so alten Reiseführern liest man, telefonieren von Spanien nach Deutschland sei ein Ge-
duldsspiel. Wir hatten stets spätestens beim zweiten
Versuch den Gesprächspartner an der Strippe.

TIPS * TRICKS * TIPS * TRICKS * TIPS * TRICKS * TIPS
* Telefonieren kann man in Spanien in jedem Dörfchen
  vom Postamt aus und von jedem Telefonhäuschen mit
  der "internacional"-Kennzeichnung.
* Telefonhäuschen sind in Spanien nicht so "schön"
  auffällig gelb wie in Deutschland, sondern in Alu
  natur. Telefonbücher liegen nur in der Post aus!
* Die Münzen legt man in eine schräge Rinne an der
  Oberseite des Telefonapparates.Von dort verschwinden sie dann während des Gesprächs im Inneren und
  tauchen nie wieder auf. Das gleiche passiert, wenn
  man versehentlich einen Zahlknopf für handvermit-
  telte Gespräche an der Vorderseite drückt.
* Von Spanien nach Deutschland wählt man 07*49, nach
  Österreich 07*43, in die Schweiz 07*41. Das Stern-
  chen bedeutet: Warten, bis ein Piepston die inter-
  nationale Leitung freigibt.
* Die Landesvorwahl für Spanien ist 0034. Nach der
  Landesvorwahl fällt stets die Null der Ortsnetz-
  kennzahl weg.
* **Wichtige Telefonnummern** in **Spanien:**
  Deutsche Botschaft, Madrid: (91) 4199100
  Österreichische Botschaft, Madrid: (91) 2509200
  Schweizer Botschaft, Madrid: (91) 2254461/2
  Deutschspr. Notrufdienst, Barcelona: (93) 2008800
* Polizei, Unfallrettung und Feuerwehr haben leider
  örtlich verschiedene Rufnummern!

TOILETTE

Einer der Gründe dafür, daß das Freie Camping in so
vielen Ländern verboten wird, ist mit Sicherheit die
Verunstaltung und Verseuchung der Landschaft mit
Fäkalien.
Die Benutzung einer Chemikaltoilette ist deshalb ein
absolutes "muß" für jeden engagierten Camper.

TIPS * TRICKS * TIPS * TRICKS * TIPS * TRICKS * TIPS
* In Handel sind Frischwasser-Spültoiletten und einfache Chemikaltoiletten.
* Bei den Chemikaltoiletten handelt es sich um einen
  Außenbehälter mit Deckel und Brille sowie einen
  herausnehmbaren Innenbehälter mit luftdicht
  schließendem Deckel. In den Innenbehälter gibt man
  ca. 2 Liter Wasser und eine Portion Spezial-Chemi-
  kalie.
  Einziger Vorteil: Geringer Preis (ca.70 DM).
  Nachteil: Der Innendeckel muß bei der Benutzung
  vorsichtig zur Seite gelegt werden. (Nichts für
  kleine Kinder!) Der Inhalt spritzt manchmal bis
  zum Hintern hoch.
* Bei den Spültoiletten handelt es sich um
  zweiteilige Plastikbehälter. In den oberen Teil
  füllt man ca. 5-10 Liter Spülwasser, in den meist
  doppelt so großen Unterteil eine Portion Spezial-

Chemikalie. Beide Teile sind durch einen Schieber
getrennt. Ist der untere Behälter gefüllt, trennt
man beide, leert den unteren und füllt den oberen
neu.
Vorteil: Hygienischer und kinderfreundlicher in
der Bedienung.
Nachteil:Höherer Preis (ab 130 DM), recht sperrig.
* **Noch eine Bitte zum Schluß!** Gießen Sie Ihre Reste
nicht einfach ins Gebüsch. Das ist die unhygie-
nischste Form der Fliegenvermehrung! Graben Sie
mit dem Klappspaten ein **tiefes** Loch und häufeln
Sie es nach Füllung auch wieder zu.

TREIBSTOFFE

Die Zeiten der Ölkrise, in denen man auch in Spanien
nicht ohne einige Reservekanister auf Tour ging,
sind längst vergessen. Auch die Tankstellendichte
ist hoch genug, um niemanden mehr trocken in der
Einsamkeit stehen zu lassen.

TIPS * TRICKS * TIPS * TRICKS * TIPS * TRICKS * TIPS
* Besonders teuer ist Benzin in Frankreich, und dort
  am teuersten natürlich auf den Autobahnen. Die
  letzten Möglichkeiten, in Deutschland preiswert zu
  tanken, sind an der Nordroute I:AB-Abfahrt Aachen-
  Brand, Richtung Brand 300m.
  Nordroute II: AB-Abfahrt Saarbrücken/Güdingen,
  Richtung Brebach 300m.
  Südroute: AB-Abfahrt Müllheim/Neuenburg, Richtung
  Müllheim 1km.
* In Frankreich herrscht Wettbewerb an den Tankstel-
  len. Es lohnt sich, Preise zu vergleichen. An
  manchen Tankstellen gibt es Tankautomaten für 10-
  F-Scheine.
* In Spanien kostet der Treibstoff überall das glei-
  che, was für den Touristen auch seine Vorzüge hat.
* Auf den Firestone-Autokarten sind durch ein weißes
  F auf roten Grund alle Service-Stellen dieser
  Firma angegeben, in 99% der Fälle Tankstellen.
* Falls Sie ein besonders sparsamer Normalbenzin-Typ
  sind, den Oktanangaben aber nicht trauen - lassen
  Sie sich Halbe/Halbe geben, dann ist Ihr Motor mit
  Sicherheit zufrieden.
* **Treibstoffpreise:**(Stand März 1986)

	Frankreich	Spanien
Normalbenzin (90-92 Oktan)	1,50 DM	1,45 DM
Superbenzin (96-97 Oktan)	1,60 DM	1,55 DM
Diesel	1,25 DM	1,08 DM

* Vergessen Sie nicht, vor allem während der ersten
  1000km des Urlaubs, regelmäßig den Ölstand zu
  kontrollieren. Lange Vollgas-Strecken machen nicht
  nur den Fahrer durstig.

TRINKWASSER

Während wir beim Abwasser die Formel aufgestellt haben: 10 Liter x Personenzahl = Volumen des Abwassertanks, braucht man pro Person eine Frischwasserkapa-
zität von mind. 15-20 Litern.

* Die Suche nach Trinkwasser ist für unsere Leser
  vorbei. An jeder Tour sind genügend Trinkwasser-
  stellen angegeben.
* Es gibt Camper, die kochen jeden Tropfen Wasser
  ab. Das verbraucht unnötig Gas. Außerdem schmeckt
  das abgekochte Wasser durch den Verlust des gelö-
  sten Kohlendioxids fade. Andererseits kann man
  auch nicht jedem munter plätschernden Brünnlein
  bedenkenlos trauen, selbst wenn alle Einheimischen
  "agua potable" beteuern.
* Eigene bakterielle Untersuchungen mit der Membran-
  filtermethode zeigten, daß das Behandeln von Fluß-
  wasser mit Natrium-Hypochlodit oder Micropur die
  gleiche 100%ige Wirkung auf krankheitserregende
  Keime hat wie zweimaliges Abkochen. Behandeln Sie
  also Wasser stets mit keimtötendem Mittel, wenn
  Sie nicht mit eigenen Augen sehen, wie es aus
  einer **Quelle** sprudelt. Nur dann ist Sicherheit vor
  Infektion vorhanden. Bedenken Sie: Eine Entkeimung
  von 10 Liter Wasser kostet weniger als drei Pfennige, eine Diarrhöe mehrere Urlaubstage. Außerdem
  verhindern Entkeimungsmittel die Nachverkeimung
  des Wassers im Tank.
* Wasserkanister haben einen großen Vorteil gegenüber eingebauten Tanks. Man kann Sie dem Nachbarn
  zum Füllen mitgeben und bequem im Freien reinigen.
  Praktisch sind durch ihren geringen Platzbedarf
  zusätzliche, faltbare Wasserbehälter.
* Noch ein Tip für ganz Sparsame und Großverbrau-
  cher: Entkeimungsmittel auf Chlorbasis kann man
  auch selbst "herstellen". Im Chemikalienhandel
  kostet ein Liter Natrium-Hypochlorit mit 150g
  Chlor/Liter etwa 6-10 DM. Man verdünnt einen Teil
  (VORSICHT! ÄTZEND!) mit Leitungswasser auf das
  Fünffache und füllt es in ein leeres Arzneitropf-
  fläschchen. **Ein bis zwei Tropfen pro Liter Trinkwasser** entkeimen zuverlässig.
* ACHTUNG! Alle Entkeimungsvorschriften gelten nur
  für optisch reines, also klares Wasser. Trübes
  Wasser müßte vorher gefiltert werden.

UHRZEIT

In Deutschland, Frankreich und Spanien gilt die
Mitteleuropäische Zeit. Da auch alle drei Staaten
von Anfang April bis Ende September auf Sommerzeit
umstellen, ändert sich für den deutschen Urlauber
fast gar nichts.
Warum nur fast?
Weil Spanien viel westlicher als Deutschland liegt
und dort die Sonne ein bis zwei Stunden später
aufgeht. Dadurch wird es (bei gleicher Uhrzeit)
später hell - und natürlich auch später dunkel.
Sogar der Magen meldet sich später. So, jetzt wissen
Sie auch, warum die Spanier später essen.

VERKEHR

Dem WOMO-Fahrer kann es nur darum gehen, sein großes
und schweres Gefährt unbehelligt bis zum Urlaubsziel
und zurück zu transportieren. Dabei kann ihm
allerhand passieren.

* Geschwindigkeitsbegrenzungen nötigen uns meist nur
  ein müdes Lächeln ab:

	Frankreich	Spanien
Autobahnen	130	120
Schnellstraßen	110	100
Landstraßen	90	90
innerorts	60	60

* Promillegrenze in beiden Ländern 0,8. Es besteht
  Anschnallpflicht, Kinder haben hinten zu sitzen.
* Verkehrsregeln, soweit sie von den deutschen
  abweichen:
  Frankreich
  Bei Nässe muß 10km/h langsamer gefahren werden,
  auf Autobahnen 20km/h. Ist der Führerschein noch
  kein Jahr alt, darf nur 90km/h gefahren werden.
  Bei Regenfall ist Abblendlicht einzuschalten. Gel-
  be Streifen am Fahrbahnrand bedeuten Parkverbot.
  Im Zweifelsfall gilt immer: "Rechts vor links".
  Spanien
  Abschleppen durch Privatfahrzeuge ist verboten.
  Auf beleuchteten Straßen nachts nur mit Standlicht
  fahren.
* **Straßenverhältnisse:**
  In Frankreich sind die "routes nationales" in
  gutem Zustand, die Ortsdurchfahrten jedoch sind
  häufig eng, kopfsteingepflastert und verstopft.
  Die Autobahnen sind hervorragend (auch vom Preis
  her!)
  Auch in Spanien kann man über den Großteil der
  Straßen nicht klagen. Allerdings besteht ein
  großes Nachholbedürfnis an Straßenverbreiterungen
  und -begradigungen. Uns gelingt es regelmäßig,
  solche Straßen zu erwischen, an denen gerade
  gearbeitet wird. Wir wünschen Ihnen mehr Glück.
  Schlechte Wegstrecken sind auf den Michelin-Karten
  durch schwarze Querstriche markiert. Sie treffen -
  leider - auf den Meter genau zu.
* Für die Pisten zu den Stränden und Ufern fühlt
  sich die Straßenbauverwaltung nicht zuständig.
  Hier muß sich jeder Pilot auf sein Fahrzeug und
  sein Können - und zur Not auf die Schiebekräfte
  seiner Mitfahrer verlassen.

VERSTÄNDIGUNG

Gäbe es die ehemaligen Gastarbeiter nicht, die uns
in Spanien regelmäßig bei Verständigungsproblemen
geholfen haben, würden wir vermutlich jetzt noch
dort in irgendeiner Klemme sitzen.

* Spanien liegt am Rande Europas, durch die Pyrenäen
  von ihm getrennt. Jahrhundertelang war der Blick
  der Spanier auf die Kolonien in Übersee gerichtet
  - Fremdsprachen waren überflüssiger Luxus. Dies
  wird sich in den nächsten Jahrzehnten sicher än-
  dern, aber so lange können wir nicht warten! Eines
  steht fest: Die allerwenigsten Spanier beherrschen
  eine Fremdsprache - und die allerwenigsten Deutschen können spanisch. Was tun?
* Südländer sind Meister in der Gebärdensprache. Tun

Sie es ihnen nach, so kommen Sie auch ohne Worte
aus.
* Viele Gaststätten haben dreisprachige Speisekarten
(spanisch, französisch, englisch). Deutsch ist
leider nicht dabei. Bei Verständigungsproblemen
wird man Sie in die Küche bitten. Dort können Sie
sich informieren.
* Ärzte, Apotheker und Juristen sprechen mit Sicherheit französisch, englich oder deutsch. Lassen Sie
sich den Richtigen von der Dame im Touristenbüro
suchen.
* Die Jugend lernt französisch und englisch, leider
sehr selten deutsch in der Schule. Sie freuen sich
auf ein Schwätzchen mit Ihnen und geben gerne
Auskunft.
* Polizisten haben im allgemeinen keine Fremdspra-
chenkenntnisse! Bestehen Sie deshalb auf einem
Dolmetscher (interprete), wenn es Probleme gibt.
* Sie können ein paar Brocken spanisch? Klasse!
Hoffentlich geraten Sie dann nicht ausgerechnet an
einen Spanier, der nur galicisch, baskisch oder
katalanisch spricht - das würde Ihnen sicher spanisch vorkommen!

ZEITUNGEN

Deutsche, aber auch andere ausländische, deutsch-
sprachige Zeitungen und Zeitschriften bekommt man
nicht nur in den Großstädten, sondern auch in vielen
Badeorten. Regelmäßig dabei waren die Süddeutsche,
die Frankfurter und die Bildzeitung, unter den Zeitschriften Spiegel, Bunte, Burda. Wir hoffen, da ist
etwas nach Ihren Wünschen dabei.
Nicht immer waren die Exemplare jedoch taufrisch.
Zwischen zwei und zwanzig Tagen waren die Neuigkei-
ten schon alt - für Aktuelles sollten Sie also lieber das Kurzwellenradio einschalten.

ZELT

Keine Angst, wir wollen Sie nicht zurück zur Mutter
Erde führen, wo Sie doch jetzt das schöne WOMO
haben. Aber ein Zelt hat viele praktische Seiten!

TIPS * TRICKS * TIPS * TRICKS * TIPS * TRICKS * TIPS
* Kinder stellen ganz andere Erwartungen an den
Urlaub als Erwachsene. Sie wollen Abenteuer erle-
ben, Indianer spielen, Natur hautnah erleben.
Lassen Sie sie im Zelt schlafen, wenn sie wollen.
Sie haben dann nachts auch in jeder Hinsicht mehr
Ruhe.
* Ein Perlonzelt billigster Machart ist ungeeignet.
Nach einem kurzen Regen schwimmt der Inhalt davon.
Nehmen Sie ein preiswertes Doppeldachzelt mit
einem Baumwollunterzelt und einem Überzelt, das
dann ruhig aus Perlon sein kann. Mit Alu-Gestänge
wiegt das noch unter 5 kg.
* Gehen Sie auf Bergtour, obwohl das Wetter nicht
ganz hasenrein ist? Trimmen ist gesund und 5 kg
zusätzlich sind nicht die Welt. Viel schlimmer ist
ein Rückweg im Regen.

* Übrigens, wann haben Sie das letzte Mal in einem Zelt geschlafen?
* Als Unterlage sollte man im Zelt pro Person eine Iso-Matte haben. Sie isoliert besser gegen Bodenkälte als eine Luftmatratze und läßt sich während der Fahrt leicht unter der Matratze im Alkoven unterbringen.

ZWEITBATTERIE

Kein WOMO-Fahrer traut sich heutzutage noch ohne Zweitbatterie in den Urlaub. An einsamer Stelle plötzlich ohne "Saft" herumzustehen, nur weil der Sprößling den Kühlschrank auf 12V gestellt hat – schon die Vorstellung halten die Nerven nicht aus.

TIPS * TRICKS * TIPS * TRICKS * TIPS * TRICKS * TIPS
* Sämtliche elektrischen Systeme des WOMOs mit der Starterbatterie zu betreiben, ist ein unnötiges Risiko.
* Eine Zweitbatterie muß nicht teuer sein, weil sie keine große Kapazität haben muß, denn der Kühlschrank wird ja ohnehin mit Gas betrieben.
* Zwischen beide Batterien muß ein Trennrelais geschaltet werden, sonst werden auch im Stand beide Batterien entladen. (Siehe "Kühlschrank").
* Bereits mit einem billigen Ladegerät für 30 -40 DM hat man, wenn mal eine Steckdose zur Verfügung steht, im Nu die Zweitbatterie wieder "aufgefüllt". Im Normalfall, wenn man alle paar Tage unterwegs ist, sorgt jedoch die Lichtmaschine für genügend Nachladung.
* Meist führt die Zweitbatterie ein verstecktes Leben irgendwo hinter einer Klappe. Auch bei ihr muß regelmäßig nach dem Säurestand geschaut werden.
* Wird das WOMO längere Zeit stillgelegt, lohnt sich die Anschaffung eines elektronisch geregelten Ladegeräts, das, ständig angeschlossen, Starter- und Zweitbatterie nur so viel wie nötig nachlädt.

Reisenotizen:

Reisenotizen:

Reisenotizen:

Reisenotizen:

Reisenotizen:

Reisenotizen:

Reisenotizen: